존경하고 사랑하는 분에게
이 생명의 책 한 권 선물하시고
사랑받으세요.

파킨슨병과 치매
하루 20분 심장을 운동시켜라

건강 전도사 **이계남**이 말하는

파킨슨병과 치매

하루 20분 심장을 운동시켜라

이계남 지음

솔과학

들어가는 말

병원 중환자실에서 사경을 헤매고 있는 75% 이상의 환자들이 이전의 과다한 체지방의 축적과 운동을 지속한다고 하면서도 제대로 하는 방법을 몰라 자신도 모르는 사이에 축소된 심장과 쇠퇴된 혈관으로 인해 몸의 모든 세포들이 혈액을 제대로 배급받지 못한 기아 현상 때문에 제 기능을 상실하면서 사경을 헤매고 있다는 것이다.

이러한 중환자들도 의사의 임시조치가 끝나면 다시 심장과 혈관을 발달시킬 수 있는 체계적인 운동을 지속한다면 서서히 건강을 회복할 수 있다. 그리고 이보다 더 좋은 것은 이러한 중병이 발생하지 않도록 우리 모두는 미리 잘 알고 체지방을 관리하는 법과 운동을 제대로 하는 법을 알아 건강과 젊음은 물론 아름다움마저 연장할 수 있는 오직 하나뿐인 외길을 선택해야 할 것이다.

그러면 제대로 하는 운동이란 어떻게 해야 하는 것인가? 또 대단히 숨이 차고 고생을 수반하는 운동을 반드시 지속해야 할 이유란 무엇인가를 우리는 확실히 알아야 할 것이 아닌가?

아침에 출근을 하는 사람들은 월급 또는 어떤 이익이 창출된다는 확신을 가지고 있는 자들만이 출근할 수 있다. 만약 확신이 없다면 출근하지 못할 것이다.

마찬가지로 대단한 고생을 수반하고 있는 운동을 지속하려면 수많은 확답이 필요하다. 거의 모든 사람들이 확실한 답을 모른 채 편안하고픈 인간의 본능만을 좇아 운동을 멀리 할 뿐만 아니라 순간적으로 좋다는 약물이나 잘 먹어야 좋다는 잘못된 지식 속에 빨리 늙고 병들어 간다. 현재 중환자실에서 사경을 헤매고 있는 75%의 중환자가 그들이라는 것이다.

이 책에서 하고 싶은 말은 전 국민들이 이러한 실수를 다시는 범하는 일이 없도록 간단명료하게 설명했다. 이것은 국민 한 사람도 빠짐없이 반드시 읽고 알아야 하며 실천에 옮겨야 할 것이다.

국민 한 사람이 병들어 병원에 입원하면 그 사람만 병원에 있는 것이 아니고 가족 중 한 두 사람은 간호를 해야 한다. 의사, 간호사, 병원 종사자, 제약회사 임직원 및 병문안자 할 것 없이 수많은 사람들이 그 환자로 인하여 비생산적인 일에 매이게 되고 가정이나 국가는 피폐해지고 약소국이 될 것이다.

더욱이 국가 운명을 좌우하는 정치인과 행정인, 지식인 또 경제인, 과학자, 수출 현장에서 고생하는 노동자 같은 분들이 병들어 차질이 생긴다면 가정은 물론 국가적인 손실도 클 것이다.

이러한 개인적인 손실이나 국가적인 손실을 막기 위해 이 글을 쓰고 있다. 몇십 년 전부터 광주에서 헬스클럽을 직영하면서 김대중 대통령과 박근혜 대통령에게도 서한을 보내며 필자 나름대로 최선을 다해 노력해 보았다. 하지만 돌아온 소식은 기대에 미치지 못하던 차 솔과학 출판사 김재광 대표님과 인연이 되어 세계에서 제일 건강한 국가 즉 장수국가를 건설하는데 한 발짝 더 빨리 다가 설 수 있어 감사드린다. 또한 그동안 수많은 운동 실험에 참여하여 주신 마이애미헬스 회원님과 물심양면으로 후원해 주신 부산 김보두 회장님께 진심으로 감사를 드린다.

2016년 4월 동안

이계남

차례

Contents

5부 태산 같은 대흉근 가슴근육 만들기

가슴 대흉근 운동

어깨 삼각근 운동

Contents

1

사례편

지피지기면 백전백승

지피지기면 백전백승

필자가 이 글을 쓰기 전에 분명히 말해 두고 싶은 것은 이 글에 전혀 가식이 들어 있지 않다는 것이다. 그리고 운동요법만으로 파킨슨병과 치매를 비롯하여 수많은 병마가 치유된다는 말을 하면 대부분의 사람들은 믿지 못하고 허무맹랑한 말이거나 속이기 위해 하는 거짓말로 오해하여 필자를 난처하게 하는 경우가 많아 누구에게도 함부로 말문을 열지 못했던 진실을 이 책에 쓸까 한다.

현대의술이나 의학은 심장이나 혈관을 전혀 발달시킬 수 없으며 모든 병마의 원인을 잘 분석해 보면 심장과 혈관의 축소와 쇠퇴 여하에 직관되어 있다는 사실을 현대 의술을 연구하는 과학자 및 의료진들도 잘 알고 있는 사실이다.

파킨슨병과 치매 또한 건강을 잃은 뇌세포가 신호체계를 전달하는 도파민의 비 생성 때문에 일어나는 증상이라고 과학자들은 말한다. 그러면 파킨슨병과 치매의 치유 해답은 간단할 수가 있다. 뇌세포를 건강하게 하면 될 것이 아닌가. 그렇다면 뇌세포를 건강하게 하려면 어떻게 해야 될 것인가? 필자는 수 십 년간 운동을 지속해 오면서 많은 경험으로 근육을 발달시킬 수도 있고 또 쇠퇴시킬 수도 있다는 말을 하면 모든 사람들은 믿어 의심치 않을 것이다. 근육과 마찬가지로 심장도 혈관도 발달시킬 수도 있고 쇠퇴시킬 수 있는 운동요법을 필자는 정확히 알고 있으며 이 운동요법을 나 혼자만의 소유가 아닌 독자 여러분과 함께 공유해야 하겠다는 욕심이 이 글을 쓰는 목적이다.

우리 몸 최고 건강한 세포들을 만들려면,

첫째, 세포들에게 잘 먹여야 한다.
둘째, 맡은 일을 제대로 하게 한다.
셋째, 충분한 휴식을 하게 한다.

이 세 가지 조건만 제대로 충족해 준다면 다시 건강을 되찾을 수 있으며 수 십 년은 더 건강하게 젊음과 행복을 누릴 수 있을 것이다.

이러한 조건의 충족은 비단 뇌 세포뿐만 아니라 우리 몸의 모든 세포들에도 해당된다. 세포들은 우리 인간과도 엇비슷하지만 세포와 인간은 약간 다른 차이점이 있다고 말 할 수 있다. 인간은 본인이 하고 싶은 일도 찾아서 할 수 있고 먹는 것도 조건에 따라 잘 먹을 수도 다

이어트(diet)도 스스로 선택하여 실행할 수 있다. 하지만 세포들은 스스로가 잘 먹고싶다 해서 잘 먹고 먹기 싫다 하여 먹지 않는 것이 아니고 인체의 정해진 곳에서 맡은 일만 평생을 하면서 오직 심장이 밀어주는 압축력에 의해 혈관으로부터 영양과 산소가 들어있는 피를 배급받아 살고 있다. 그렇기 때문에 운동을 제대로 하여 세포들의 배급 기관인 심장과 혈관이 잘 발달되어 있어야 세포들은 영양과 산소를 제대로 배급받으면서 건강할 수 있다는 원리다.

필자도 젊은 날 항문이 열리고 하반신이 저리는 경직의 과정을 거쳐 오늘이 있으니 전화위복이 이것을 두고 하는 말이 아닐까 한다. 그때야 운동만 할 줄 알았지 운동에 대한 정확한 이론과 지식이 없어 많은 시행착오를 거쳐 왔지만 오늘의 독자들은 시행착오의 과정을 거치지 않아도 되니 훨씬 더 심장과 혈관 발달의 진도가 빠르지 않겠는가.

인간이 운동은 제대로 하지 않고 잘만 먹어 과다한 체지방이 쌓이면 쌓일수록 오히려 세포들의 배급로인 혈관은 더 협소해져 세포들은 기아현상에 허덕인다. 그 허덕이고 있는 세포들이 위장을 이루고 있는 세포들이라면 소화 기능이 아주 좋지 못할 것이며 간장을 이루고 있는 세포들이라면 여러 가지 대사 증후군이 나타나 골다공증은 물론 황달과 각종 호르몬 생산에 차질이 생겨 생명이 대단히 위험하게 될 것이다. 그리고 심장을 이루고 있는 세포들이라면 뛰고 달리는 것은 물론 숨이 차서 걷기조차 어려운 심근경색이 바로 심장의 근육 세포에 영양과 산소를 실은 피가 제대로 배급되지 않아 생기는 것이다.

또 뇌세포에 영양과 산소를 실은 피가 혈관의 쇠퇴로 인하여 잘 배급되지 않으면 뇌세포들은 기아현상에 맡은 일을 상실하게 된다. 도파민 같은 신호 전달 체계의 물질이 감소되면서 기억 상실이나 피해망상 불안 같은 치매 및 신체 떨림이나 근 세포들의 경직 같은 무서운 파킨슨 병마가 찾아올 것이다.

　이러한 문제들을 시원하게 해결하기 위해 우리가 반드시 알아야 할 것은 운동학적 차원에서 본 인체의 구조와 순환기 계통 운동의 개념 및 심장과 혈관의 발달과 역할이다. 운동을 하지 않음과 인체, 인간의 수명과 자기성장, 저항력, 영양과 비만에 대한 자세한 설명을 하기 전에 선행하여 먼저 병마와 싸워 이긴 사람들을 먼저 소개할까 한다.

2

병마와 싸워 이긴 사람들

운동으로 파킨슨병과 싸우다

파킨슨병을 앓고 있는 이충환 씨(1947년생)는 서울에 거주하고 있다. 2013년 3월 6일 필자를 찾아 왔을 때 5년 전 서울 삼성 병원에서 파킨슨병의 진단을 받고 지금까지 좋다고 하는 병원이며 유명하다는 의사 약사를 찾아 헤맸으나 5년이 지나는 동안 점점 심해졌다. 서울에서 광주까지 필자를 찾아왔을 때는 지팡이와 유유자 씨 아내의 팔에 의존하여 겨우 찾아왔다는 것이다. 그때 말하는 상태는 상당히 어둔하고 좀 알아듣기가 어려웠으며 걸음걸이와 행동은 물론 글씨도 떨려 엉망이었다.

이충환 씨와 유유자 씨 부부는 필자 건강클럽에서 가까운 곳에 원룸을 2개월간 월세로 빌리고 운동을 하기로 했다. 필자는 다른 사람들에게도 이야기한 것처럼 우리 인체를 자세히 보면 약 75조억 개의 세포라고 하는 사람들이(이해를 돕기 위해 세포를 사람들로 표현함) 심장이 밀어주는 압축력에 의하여 혈관으로부터 영양과 산소를 배급받아 세포 하나하나가 개별적으로 살아가면서 주위에 있는 세포 인간들과 함께 맡은 일들을 공동으로 하면서 인체라고 하는 천체 하나를 구성하고 있다는 이야기를 한 것이다.

이들 세포 인간들도 살아 있기 때문에 반드시 먹어야 하는 입도 있고 소화시키는 배도 있으며 항문도 있다는 사실이다. 세포의 입으로 들어갈 때는 산소를 실은 새빨간 피가 들어가지만 소화 과정을 거처 세포의 항문으로 나올 때는 세포들의 변(똥)이 되어 검붉은 색으로 변하여 정맥 라인으로 들어간다. 인간은 하루 세 번의 밥을 먹는다고 볼 수 있지만 세포들은 하루 수만 번의 밥을 먹는다고 볼 수 있다.

이 세포라는 사람들은 전부 살아있기 때문에 잘 먹어야 하고 맡은 일 제대로 해야 하며 잘 휴식해 주어야 내일 또 다시 건강한 몸으로 회복하여 지속된 삶이 될 텐데 근육 세포들의 운동 부족으로 인한 혈관의 쇠퇴와 과도한 체지방의 축적으로 심장과 혈관의 축소는 우리 몸 모든 세포에 영양과 산소 결핍으로 이어져 세포라는 사람들은 맡은 일을 제대로 할 수 없게 되는 것이다.

파킨슨병이란 운동 신경계를 담당하는 뇌세포에 혈관들의 축소로 인하여 영양과 산소 결핍으로 뇌세포의 흑질에 분포하고 있는 도파민이라고 하는 신경 전달세포가 점차적으로 축소되고 기능을 상실하면서 발생하는 신경계 만성진행 퇴행성 질환의 일종이라고 했다.

초기 처음엔 떨림이나 신체의 굳어지는 강직이 한쪽에만 약하게 시작되며 넘어질 듯 비틀거리며 균형이 잘 잡히지 않지만 시간이 지나면서 양쪽 팔 다리 전체로 진행되며 혼자서 잘 일어서지도 못하고 보조 기구 및 다른 사람의 의존에 의해 행동하게 된다.

발병 원인은 정확하게 밝혀져 있지는 않지만 뇌에 충격을 많이 받는 격투기, 권투, 레슬링 또는 사고로 인하여 뇌에 충격을 받았던 사람들이 젊고 건강할 때는 잘 나타나지 않지만 늙어감에 따라 뇌세포로 들어가는 혈관이 쇠퇴되어 혈액량이 줄어들고 뇌세포의 도파민의 전기 전달 체계가 나약해지면서 나타난다고 볼 수 있다.

이충환 씨의 경우도 노년기에 접어들면서 절대적인 운동 부족에 의하여 혈관의 쇠퇴가 주원인이 된 관계로 혈관의 발달을 가져올 수 있는 현대 의술이나 의약은 세상에 존재하지 않으나 체계적인 운동으로는 근육과 심장 혈관을 빨리 발달시킬 수 있으며 파킨슨병의 진행 과정을 멈추거나 늦출 수 있는 것은 물론 몇 년 전으로 되돌아 갈 수 있다는 것이다.

이충환 씨는 2013년 3월 6일 저녁때 이충환 씨와 유유자 씨 부부가 본 클럽에 다시 찾아오셨다. 오전 9시부터 1시간 정도 운동을 하시고 가셨는데 저녁때 또 오셨기에 나는 운동을 또 하시고 싶어 오신 줄 알고 운동은 절대 회복이 되기 전에 하루에 두 번 하시면 좋지 않다는 말을 하려고 했을 때, A4 용지에 각서라고 하는 용지 한 장을 필자에게 내민다. 각서 내용은 이렇다.

'이충환 1947년 5월 14일생 주소 서울 마포구 …….

본인은 경기도 가평 소재 청심 국제병원에서 우연히 지인의 소개를 받고 필자의 건강 클럽에서 2개월간 운동을 배우기로 했는데 만약 2개월 동안에 정상인이 된다면 천여만 원의 금액을 본 건강 클럽에 기증하겠단다. 그러나 그렇게 되지 않으면 거기에 상응하는 책임을 묻겠다는 각서다. 얼마나 건강에 절박함이 들어있는 것인가?

필자는 그분에게 이렇게 말했다.

"감사합니다. 그러나 기대가 너무나 크기에 실망 하실까 두렵습니다만 그래도 알고 계셔야 하기에 말씀 드리겠습니다. 67세 되신 분이 어떻게 정상인이 되겠습니까만 지금까지 파킨슨병의 진행 과정을 보면 5년 전 처음 발병의 진단을 받으시고 그 이후엔 유명하다는 의사며 좋다는 약을 찾아 헤매었으나 초기 1년보다는 2년째가 더 나빠졌고 3, 4년, 5년이 경과한 오늘에는 심각할 정도로 나빠져서 필자를 찾아 오셨는데 어떻게 정상인이 되겠습니까?

필자의 클럽에서는 정상인이 될 수는 없지만 오늘부터 운동을 시작 20일 후에는 오늘에 비하여 미세한 힘이 생겨있다는 것을 본인 스스로가 알 수 있으며 1개월을 지나면서 좀 더 여기 기록지에 남아 있는 것처럼 운동을 지속하시면 현재보다 훨씬 힘이 생겨 몸이 가볍고 부드러워지며 운동할 때 숨이 차고 힘들어도 운동을 생활화하면 건강하게 인생을 살 수 있다는 것입니다."

운동 기록지에 남아있는 이충환 씨의 운동 훈련 과정을 글로 섬세하게 다 옮겨 쓸 수가 없어 띄엄띄엄 썼다. 하지만 첫날, 양손을 필자의 손을 잡고 맨몸으로 앉아 일어서기 10번씩 2회를 겨우 시켰고, 다음날에는 12번씩 2회 시켰으며, 10일째에는 28번씩 2회를, 11일째에는 스쿼트 5kg 무게를 짊어지고 11번씩 2회를, 다음날에는 똑 같은 무게로 12번씩 2회를, 20일째에는 15kg 무게를 짊어지고 20번씩 2회를 훈련했다. 그리고 1개월 2일째에는 25kg 짊어지고 22번을, 1개월 15일부터는 35kg 무개를 짊어지고 28번 2회를, 1개월 20일부터는 45kg 무게를 짊어지고 30번씩 2회의 운동을 소화시키면서 상당한 건강을 되찾을 수 있었으며 운동의 이론 및 실제 행하는 방법을 거의 완벽에 가까울 정도로 배웠던 것이다.

옛말처럼 고기를 잡아주는 것보다 잡는 방법을 가르쳐 준 것이다.

이충환 씨는 처음 운동을 시작한지 2개월 후 상당히 건강하고 활발한 몸으로 광주를 떠나 서울로 가실 때 감사의 뜻으로 필자에게 상당한 수준의 고급 시계를 선물로 주며 살아있는 동안 형님으로 모시겠다는 약속을 남기고 서울로 가셨다. 지금도 가끔 안부 전화를 하고 있으며 그때 받은 시계는 여전히 귀중하게 사용하고 있다.

여기에 이충환 씨의 운동 요법 한 가지를 소개한 것은 세상에 많은 파킨슨병을 앓고 있는 환자나 가족을 위한 것이며, 체계적인 운동만으로 얼마든지 치매 및 파킨슨병을 극복할 수 있다는 것을 모든 이에게 알리기 위한 정보를 제공한 글이다.

운동으로 심근경색과 싸우다

심장병 환자 김종봉 씨(1949년생) 광주 북구 문흥동에 거주한다. 이 사람의 성격은 언뜻 보았을 때 전라도의 강한 사투리 때문에 좀 거칠어 보였다. 하지만 깊이 알고 보면 자상하고 몸을 사리지 않고 남을 위해 희생하는 정신이 투철하며 신문이나 뉴스에서 얻은 시사에 박식하며 한번 믿으면 잘 고쳐지지 않는 자기만의 고정관념이 아주 강한 필자와 절친한 형님, 아우하고 지내는 사이좋은 사회 동생이다.

더욱이 이 아우는 필자의 건강 클럽에서 수십 년째 운동을 쉬지 않고 지속하고 있는 사람 중 한 사람이기도 하다. 그러나 대부분의 사람들이 그러하듯 운동을 잘 모르고 행한다면 운동을 지속해도 큰 효과를 기대하기가 어려워 수많은 사람들이 병마에 시달리고 있기에 예를 들어 여기에 아우를 소개하는 것이다.

김종봉 아우는 2004년 1월 3일 심근경색으로 쓰러져 전남대학 의

과대학 병원에서 관상동맥 수술을 받았고 5년 뒤 2009년 3월 5일 같은 병원에서 재수술을 받았다. 2009년 12월 1일 동 병원에서 다시 세 번째의 심장 수술을 받고 그 이후에도 건강이 좋지 않아 2013년 5월 13일 서울대 의과대학 병원에서 네 번째 수술을 하고 퇴원하여 아주 허약한 몸으로 필자의 건강클럽에 다시 찾아왔다. 그때 나는 이 아우에게 옛날과 같이 반드시 건강을 되찾게 해 주리라 생각하고 필자의 사무실로 환자인 아우를 불렀다. 그리고 운동학적 차원에서 본 인체의 구조와 순환기 계통(심장과 혈관 및 폐의 역할)에 대한 자세한 설명과 운동의 개념 및 심장과 혈관이 발달되어 가는 과정을 자세하게 설명하고 이해를 시켰다.

그리고 가벼운 운동이라도 반드시 질서가 있어야 한다는 말을 하고 앞으로 건강을 되찾기 위해서는 힘겨워도 러닝머신에서 2분간 3.0km 속도로 걸은 다음 3분간 3.1km 속도로 뛰어야 한다고 말하자 환자인 아우는 깜짝 놀라며 절대로 뛰어서는 안 된다고, 천천히 30분~1시간 정도 걷는 것이 가장 좋다고 의사 선생님께서 말씀하셨단다.

물론 의사 선생님의 말씀이 절대로 틀린 말은 아니다. 현재 숨이 차서 걷는 것조차도 힘든 환자에게 뛰고 달리게 한다는 것은 대단한 무리인 줄 안다. 하지만 운동 전문가의 입장에서 보았을 때 운동이란 자체가 평상시에 비교하여 근육, 심장, 혈관을 좀 무리하게 사용해 주는 원리가 운동이기 때문에 아주 적은 양의 질서 있는 운동으로 무리를 해주지 않으면 더 이상의 발달을 꾀할 수 없기에 3분간 3.1km 속도로 반드시 뛰어 달리게 한 것이다.

다시 말하자면 제자리걸음은 앞으로 나아가지 않고 제자리에서 걷는 일(운동의 효과가 아주 미미하다)이다. 제자리 뛰어도 제자리에서만 뛰는 것(달리는 것만 못해도 운동의 효과가 상당이 있으나 더 이상 발달시키기가 어렵다)이다. 그러나 뛰어 달리기는 속도에 따라 천차별의 효과가 다르기 때문에 심장병 환자인 아우에게는 아주 짧은 3분간만 3.1km 속도로 뛰게 하고, 그 다음날은 3분간 3.2km 속도로, 또 다음날은 3분간 3.3km 속도로 달리게 했던 것이다.

이와 같이 매일 같은 시간에 0.1km 속도를 더해 가면서 10일 이후에는 뛰는 시간을 1분을 더 추가하여 3분 뛰던 것을 4분간 4.1km 속도로 뛰게 하였다. 그리고 그 다음날에는 4분간 4.2km 속도로 뛰었고, 20일 후에는 다시 뛰는 시간을 1분을 더 추가 5분간 5.1km 속도로 그 다음날은 5.2km 속도로, 뛰게 하였다. 그 이후에도 계속 멈추지 않고 발전시켜 2~3년이 지난 현재에는 건강은 물론 부부 생활까지도 원만하게 하고 있기 때문이다.

여기서 이 아우의 운동하는 과정을 소상하게 밝히고자 한 이유는 지금까지 이 아우도 운동을 쉬지 않고 지속하고 있었는데도 심장병이 찾아온 이유를 우리 모두는 극명히 알고 있어야 하기에 이 글로 소개한 것이다.

현재 이 아우뿐만이 아니라 거의 모든 사람들이 운동을 하고는 있지만 운동을 제대로 모르고 하고 있기 때문에 그 효과는 아주 미미해서 운동을 하면서도 심장병은 물론 빨리 늙고 병마가 찾아온 것이다. 만약 운동을 잘 알고 제대로 알고 해왔다면 이와 같은 심장병은 물론 우리 몸에서 일어나는 거의 모든 병마는 들어오지 못할 것이다.

그렇다면 제대로 하는 운동이란 어떻게 해야 할 것인가를 설명하려면 상당히 구체적이어야 한다. 그 때문에 간단히 설명하기는 불가하나 결론은 근육을 강하게 수축 이완의 운동을 한다는 것이다. 그 근육에서 평상시에 비하여 몇 배나 많은 영양과 산소를 실은 피가 필요하게 되면 폐에서는 공기 중의 산소를 빨리 채취하기 위해 숨이 평상시에 비해 몇 배나 빨라진다. 심장은 폐에 있는 폐포에서 채취해 놓은 산소를 빨리 실어다 지금 운동을 강하게 하고 있는 근육 세포에 공급해 주기 위해 평상시에 비해 몇 배나 빨리 박동하게 되는 것이다. 이때 근육이 심장이 혈관이 엄청난 무리를 받게 되는데 이 무리에 대해 적응력이 없다면 생명까지 위험을 초래할 수 있기 때문에 반드시 과정을 훈련한 사람만이 할 수 있다는 것이다.

앞에서 아우의 운동하는 방법을 자세히 소개한 것은 그와 같은 과정을 통해서 계속 전진하여 제대로 할 수 있는 운동의 단계에까지 이르는 과정을 수많은 심장병 환자나 일반 사람들에게 정보를 제공하기 위함이다. 더욱이 서구화된 음식문화 때문에 축적된 지방 에너지로 그와 똑같은 수많은 심장병 환자들이 할 일을 못하고 고통과 희망을 잃고 쓰러져 죽어가고 있는 것이다. 이에 소개한 예를 바탕으로 하여 운동에 잘 임한다면 현재 70~80% 이상이 다시 건강을 찾을 수 있다. 더

불어 심장병은 전혀 걱정할 필요가 없을 뿐만 아니라 오히려 건강하여 젊음을 누릴 수가 있다는 희망찬 메시지를 보내고 있는 것이다.

다시 말해 운동의학이란 단어는 우리 국어사전에 아직은 존재하지 않는 말이지만 앞으로 많은 연구와 노력으로 현대의학 못지않게 수많은 질병들을 고칠 수 있을 것이다. 더 나아가 고친다기보다는 완전 치유할 수 있다는 표현이 맞을 것이다. 오히려 우리 몸 속 운동하는 근육 세포를 이용 심장과 혈관의 발달을 극대화시켜 우리 몸 속 모든 세포들을 튼튼하게 하여 면역 기능을 강화시키고 부작용 없이 모든 병마를 예방하거나 치유하는 서양의학이 아닌 운동을 이용한 자연건강 요법을 의미한다고 볼 수 있다.

운동 치유학의 현주소는 신체의 전체적인 자생력을 강화시키는 효과가 있고 현대 의학이나 의술로는 전혀 불가능한 근육 심장과 혈관을 발달시켜 오장 육부 기능을 발달시킬 수 있을 뿐만이 아니라 서양 의학의 효능도 운동의 토대에 의에서만 이루어진다는 사실이다. 그렇다면 신체의 자생력이 어떠한 과정을 통해서 강화 발전하는지를 알기 위해 차분히 알아야 할 것이 있다.

첫째, 다른 글에서도 이야기 했지만 인간은 언뜻 보았을 때 하나로 보이지만 자세히 보면 그 속에는 약 75조억 개의 세포라는 생명체들이 심장이 밀어주는 압축력에 의하여 혈관으로부터 영양과 산소를 배급 받아 개별적으로 살아가면서 주위에 있는 세포들과 함께 자기가 맡은 일을 공동으로 하면서 인간 하나를 구성하고 있다는 사실이다.

다시 말해 눈에 있는 수 억 개의 모든 세포들은 하나하나가 개별적으로 살아가면서 눈이 하는 일 즉 물체의 형상을 받아들이는 일을 공동으로 한다. 심장에 있는 근육 세포들은 개별적으로 살아가면서 심장이 하는 일 즉 수축 이완의 압축력에 의하여 우리 몸 모든 세포에 영양과 산소가 들어 있는 피를 공급해 주는 일을 공동으로 한다. 간장을 이루고 있는 간세포들은 하나하나가 개별적으로 살아가면서 단백질, 포도당, 지방과 같은 영양분 저장과 각종 호르몬 생산 및 해독 작용과 영양소 대체 이 외의 많은 일들을 공동으로 하며 머리에 있는 모든 뇌 세포들은 우리 몸의 자율 신경계와 모든 기능을 관장하는 사령부 역할을 담당하고 있다. 다리에 있는 피부세포 근육세포 뼈세포들은 다리가 하는 일을 공동으로 하면서 인간 하나를 구성하고 있다는 사실이다.

이 세포들은 전부 살아있기 때문에 반드시 잘 먹어 소화 배설해야 하며 맡은 일을 제대로 하고 충분한 휴식 속에서 가장 튼튼한 세포들이 만들어지며 이렇게 가장 튼튼한 세포 75조억 개가 모여 가장 튼튼한 인간 한 사람이 되는 것을 알아야 한다.

여기서 우리가 반드시 알아야 할 사항은 튼튼한 세포가 형성되는 조건 속에 반드시 잘 먹어야 하는데 우리 인간은 조건에 따라 잘 먹을 수도 다이어트도 마음대로 조절할 수 있다. 하지만 우리 몸속 세포들은 세포의 뜻대로 잘 먹고 싶다 해서 잘 먹는 것이 아니고 심장이 밀어 주는 압축력에 의하여 혈관으로부터 배급제의 공급을 받아 살고 있기 때문에 심장의 축소나 혈관의 쇠퇴(배급로의 축소)로 인하여 영양과 산소 배급을 제대로 받지 못한 세포들은 굶주림에 제 기능을 제대로 수행할 수 없을 뿐만 아니라 나약해져 세균 및 바이러스(virus)의 공격으로부터 벗어나기 어렵다는 것이다.

다시 말해 이렇게 영양과 산소를 제대로 배급받지 못해 나약해진 세포들로 구성된 췌장(인슐린 호르몬을 생산하는 장기)이라면 인슐린 생산이 제대로 되지 않아 당뇨병과 싸워야 할 뿐만이 아니라 췌장을 이루고 있는 세포들의 나약함은 바이러스의 공격으로 췌장염과 췌장암으로부터 벗어나기 어렵다는 것이다.

또 오장의 하나인 신장은 우리 몸 모든 세포들이 사용해 버린 핏속에 젖산 및 노폐물 처리와 핏속에 있는 수분 함량을 조절하는 일을 한다. 그런데 심장의 축소나 혈관의 쇠퇴로 인하여 신장을 이루고 있는 세포들의 굶주림 때문에 나약해져서 신장의 제 기능인 노폐물처리와 수분함량 조절이 되지 않아 물을 마시면 몸이 붓고 노폐물이 처리되지 않은 피는 우리 몸 모든 세포들을 병들게 하며 죽어가는 것이다.

태고적부터 현재에 이르기까지 우리 조상님들 및 많은 지식인들은 어떻게 하면 인간의 수명과 젊음을 연장할 수 있을까 하고 수많은 연구와 노력 끝에 좋은 약이 개발되었다. 인간의 평균 수명은 연장되었다고 하나 아직도 건강의 근본적이 원리를 모르고 좋다는 물질과 약물만을 찾아 해매고 있음은 한심하지 않을 수 없다.

둘째, 심장이나 혈관의 발달 없이는 앞에서 설명한 것과 같이 그 어떤 것을 사용해도 건강은 전혀 취할 수 없으며 심장이나 혈관의 발달은 단계적인 운동 없이는 그 어떤 의술이나 의약이라도 발달시킬 수 없다는 사실을 반드시 알아야 한다.

셋째, 심장이나 혈관이 발달하는 원리와 과정을 자세히 설명하려면 우선 운동의 개념에 대해 이야기를 먼저 해야 할 것이다. 다만 여기에 심장이나 혈관의 발달 과정을 자세하게 설명하지 않는 것은 다른 글에서 충분히 설명하고 있기 때문이다.

운동으로 유방암과 싸우다

운동만으로 암과 싸워 이겼다면 거의 모든 사람들은 우연의 일치거나 오진이었겠지 하고 믿지 못할 것이다. 그러나 실제로 현대의술이나 의학은 심장이나 혈관을 전혀 발달시킬 수 없으며 모든 병마의 원인을 잘 분석해 보면 심장과 혈관의 발달 여하에 직관돼 있다는 사실을 현대 의술을 연구하는 과학자 및 의료진들도 잘 알고 있는 사실이다.

방하착放下着[1]

어떤 맹인이 가파른 절벽 길을 걷다가 발을 실족하여 언덕으로 굴러 떨어졌지만, 다행히 나뭇가지를 붙잡고 대롱대롱 매달려 사람 좀 살려 주세요 하며 애걸복걸 발버둥을 치고 있는 것이다.

마침 그곳을 지나던 탁발 스님이 보니 잡고 있던 나뭇가지의 손만

---

1) 승가에서 자주 사용한 이야기라고 한다.

놓으면 무릎 높이도 안되는 땅인데 맹인이라 모르고 나뭇가지를 잡고 애걸복걸하는 것이 아닌가.

탁발 스님은 나뭇가지를 잡고 있는 맹인에게 "살고 싶으면 그 잡고 있는 나뭇가지의 손을 놓으시오." 하고 소리쳤으나 맹인은 "제발 불쌍한 맹인 좀 살려주시오." 하는 말만 반복한다. "아니 살고 싶으면 잡고 있는 손을 놓으란 말이요."

그러나 맹인은 손만 놓으면 천길만길로 떨어질 것 같아 더욱 힘을 주어 살려 달라 애원하던 찰라 손에 힘이 빠진 맹인은 땅으로 떨어져 가볍게 엉덩방아를 찧었고 잠시 정신을 차린 맹인은 졸지 간에 벌어진 어처구니없는 상황을 파악하고 멋쩍어하며 황급히 자리를 떠났다.

그렇다! 맹인은 손만 놓으면 땅이란 걸, 보이지 않아 몰라서 나뭇가지만 붙잡고 애걸복걸 소리를 지른 것이다. 우리들이 건강에 대한 정확한 지식을 갖고 있지 않아 모르면 앞 못 보는 장님과 하나도 다를 바 없다. 좋다하는 음식물이나 몸에 독한 약물에만 매달려 건강과 젊음을 해쳐가면서 애걸복걸하는 눈 뜬 장님이 바로 본인이 아닌지 다시 한 번 생각하면서 독자들에게 박미자 씨를 소개한다.

박미자 씨 (1954년 02월 24일생)

2007년 10월 23일 (이글은 실제 이기에 가족의 허락을 받아 본명을 사용한 것이다.)

박채문 씨 직업 세무 회계사 광주 북구 영봉동 OOO동 OOOO호. 박채문 씨와 박미자 씨 부부가 필자의 건강클럽에 찾아왔는데 남편인 박채문 씨 말에 의하면 18년 전에 필자의 건강 클럽에서 운동을 시작할 때 건강에 대한 많은 이야기를 듣고 공감대가 형성되어 운동을 했었다고 한다.

그 이후 직장 관계로 운동을 직장과 가까운 곳으로 옮겨 하고 있던 중 아내 박미자 씨가 유방암의 진단을 받고 운동 요법만으로 치유하고자 필자를 찾아갔으나 다른 곳으로 헬스클럽을 옮겨 인터넷을 비롯하여 상당이 어렵게 필자를 찾아왔다는 것이다.

필자는 운동과 저항력의 관계 및 건강에 대한 자세한 이야기를 한 다음 앞에서 이미 이야기했지만 지구상의 모든 세균 및 바이러스(분해자)들은 창조주님의 위대한 명령을 받은 충성스러운 병사로서 이 지구상에서 이미 맡은 일이 다 끝나버린 낙엽이나 나무토막 또 현재 살아는 있지만 너무 허약하여 제가 맡은 일을 제대로 수행할 수 없는 식물이나 동물들에 침투 분해하여 다시 동물들이나 식물들의 먹이로 되돌려 주는 역할을 담당하고 있다는 이야기를 했다.

근래 세상을 떠들썩하게 하고 홍콩의 경재를 휘청하게 만든 사스 바이러스나 2009년 중국의 신종플루 바이러스 그리고 2015년 한국의 경제에 엄청나게 큰 타격을 안겨다 준 메르스 바이러스는 문명 세계에서 맡은 일만 잘 하면 잘 먹고 잘 사는 인간에게 따가운 경종을 울리는 신의 노여움 아니 창조주의 가르침으로 봐야 할 것이다.

다시 말하면 창조주께서는 인간에게 열매나 연한 풀잎을 먹다가도 허약한 동물을 만나면 쫓아가 한 마리를 잡아먹는 대신에 나머지 수만 동물들에게 운동을 시켜 주어 그들의 근육과 심장, 혈관을 발달시켜 그들의 생명을 몇 배로 연장해 준다. 또 강한 포식자를 만나면 안전한 곳까지 죽기 아니면 살기로 도망치다 어제의 사냥에서 깊은 상처로 혹은 늙어서 혹은 운동력이 떨어져 도망에 실패하면 바로 죽음이 오는 즉 생명이 끝날 때까지 약육강식에 의해 살도록 창조주께서 명 하셨던 것이다.

그러나 인간의 문화가 고도로 발달된 속에서 맡은 일만 잘 하면 잘 먹고 잘 사는 분업이 인간의 심장이나 혈관의 쇠퇴를 가져왔으며 연약한 인간들은 세균 및 바이러스의 공격에서 벗어나기 어렵다는 것이다.

박미자 씨에게 유방암 바이러스가 침입하게 된 경로는 조물주님의 명령대로 먹기 위해 쫓아가고 살기 위해 도망가는 즉 제대로 된 운동을 해 주지 않아 심장과 혈관의 축소로 인하여 모든 세포들은 굶주림에 허약해진 데다 유방암 바이러스의 공격을 받았던 것이다.

그러나 암 바이러스의 진행 속도가 1~3기까지는 아직도 많은 시간이 남아 있기에 지금이라도 체계적이고 단계적인 운동을 한다면 다시 심장과 혈관을 빠른 시일에 다시 발달시킬 수 있으며 심장과 혈관의 발달은 다시 강건한 몸으로 돌아오면서 현대 의약의 부재 속에서도 모든 바이러스를 물리칠 수 있다는 설명도 했다.

2007년 10월 23일부터 박미자 씨는 본 클럽에서 16일 동안 열심히 운동을 하였고 몸 컨디션도 아주 좋아졌으나 안타깝게도 17일째 되던 날부터 결석이다. 필자는 바로 박미자 씨의 남편인 박채문 씨께 전화를 걸어 박미자 씨의 결석 사유를 물었더니 남편 박 채문 씨의 권유에도 박미자 씨 본인 스스로가 운동에 대한 믿음이 가지 않아 병원에서 수술을 하기로 했기에 이 분을 소개하기 전에 방하착(放下着) 이란 글을 올린 것이다.

2009년 10월 17일 타계.

남의 일이라 잊고 2년이 조금 넘는 어느 날 박채문 씨께 전화를 걸어 사모님의 안부를 물었더니 2009년 10월 17일 아직 젊은 나이 55세에 세상과 이별을 했다는 말을 듣고 전화한 것이 후회가 되었으며 이 아름다운 세상과 이별한 고인께 명복을 기원하면서 박미자 씨의 따님 박이령 씨를 독자들에게 소개한다.

박이령 씨(1979년 8월 16일생)
주소 광주광역시 북구 참판로 000 00번 길
직업 현 초등학교 교사

2015년 3월 16일 필자의 건강 클럽에 박채문 씨와 딸 박이령 씨가 함께 찾아오셨다. 박채문 씨의 말에 의하면 가족력이 있는 듯 37세 딸 박이령 씨도 모친과 똑 같이 양쪽 가슴에 암(종양) 진단을 받고 잠시 치료를 위해 교직생활을 1년 간 휴직을 하고 왔다는 것이다.

필자는 지피지기(知彼知己)면 백전백승이란 말을 했다. 즉 적을 잘 알고 나를 잘 알면 백 번을 싸워 백 번을 이길 수 있다는 말이다. 그래서 운동학적인 차원에서 본 몸의 구조와 순환기 계통의 역할, 심장과 혈관의 발달 및 운동의 개념 운동을 하지 않음과 인체 동물들의 자기 성장과 수명에 대하여 (다른 글에서 써 놓았기 때문에 다시 쓰지 않았으나 뒤로 가면 읽을 수 있음) 자세히 설명하고 이미 고인이 되신 어머님 박미자 씨에게 이야기했던 대로 자세한 설명을 했다.

지구상의 모든 세균 및 바이러스(분해자)들은 조물주님의 명령을 받은 충성스러운 병사로서 이 지구상에서 맡은 일이 이미 끝나버린 낙엽이나 현재 살아 있기는 하지만 너무 허약하여 제가 맡은 일을 제대로 수행할 수 없는 식물들이나 동물들에게 침입 분해하여 다시 식물이나 동물들의 먹이로 돌려주는 일을 맡아서 하고 있다는 말을 했다.

그리고 박이령 씨도 어머님 박미자 씨와 똑같은 유방암 바이러스가 침입하게 된 경로는 조물주님의 명령대로 먹기 위해 쫓아가고 살기 위해 도망가는 즉 강한 운동을 해 주지 않아 심장과 혈관의 축소로 인하여 모든 세포들은 굶주림에 허약해진 데다 유방암 바이러스의 공격을 받고 있었던 중이란 말을 했다.

사실 박이령 씨는 23세 때부터 학교 교사로 발령을 받아 근무 중 너무나 피곤하여 잠깐의 휴식 시간에도 졸고 잠깐의 이동 중에도 눈을 감을 정도 피로에 쌓여 있었던 것이다. 한때는 체력단련을 위해 헬스클럽에 등록을 하고 잠깐 운동을 해 보았으나 운동에 대한 정확한 이론의 부재 속에서 체계적인 운동의 지도마저 없는 운동을 하고 나면 너무나 피로가 겹쳐 운동을 도저히 지속할 수가 없어 중단하고 말았단다.

그렇다 운동은 건강한 사람도 정확한 이론과 체계적인 지도가 없으면 지속하기가 대단히 어렵다. 또 운동은 지속하고 있어도 많은 발전을 꾀하기가 어려운데 하물며 건강을 잃은 사람이 운동을 지속하기란 정말로 어렵다는 것이다. 이유인즉 운동이란 대단히 숨이 차고 고통을 수반하고 있기에 편안 하고픈 인간의 본능 속에서는 시작은 할 수 있으나 얼마 지속하지 못하고 포기한다는 것이다.

그러나 대단히 숨차고 고통을 사랑하는 사람들이 있는데 그러한 사람들은 운동을 하는 짧은 순간만 숨차고 고통스럽지만 그 뒤에는 건강과 행복이 온다는 정확한 지식을 이미 가지고 있기 때문이라 할 수 있다. 다시 말하자면 아침 출근을 하는 사람들은 어려운 출근 뒤에 월급이 나와 자신과 가정을 행복하게 해줄 수 있다는 확신을 가지고 있기 때문에 출근이 즐거운 것처럼 말이다.

운동은 간단하게 설명은 어렵지만 짧은 시간에 근육의 수축 이완 작용을 이용하여 근육 심장 혈관의 무리를 꾀하는데, 운동할 때 무리를 당했던 근육과 심장, 혈관은 잠자고 편안한 휴식 속에서 더 튼튼히 회복된다. 그러나 운동이 좋다고 회복할 수 있는 본인의 능력을 초월하면 근육이나 핏속에 젖산이나 많은 피로 물질들이 쌓이면서 저항력도 떨어지고 작게는 감기 몸살이 오며 크게는 염증과 암 바이러스의 공격도 받을 수 있다는 것이다.

그래서 필자는 이러한 무리를 막기 위해 운동은 자연계의 동물들에게 배워야 한다고 이야기를 했던 것이다. 다시 한 번 이야기한다면 동물들은 새끼를 낳아 기를 때 처음엔 어미의 젖만 먹다가 좀 자라면 형제끼리 장난을 치며 놀고 더 자라면 부모의 사냥 구경도 따라가고 사냥에 동참도 실패도 성공도 몇 번 거치면서 청년기를 맞이하며 완전한 사냥꾼으로 부모와 이별하여 그때부터 제대로 운동한다는 말을 할 수 있다.

박이령 씨는 처음엔 도저히 믿기지 않는 듯 했으나 실낱 같은 희망과 친정아버지 박채문 회계사의 반복된 권유에 설마하면서 운동을 시작했는데 3개월이 채 못 되어 이렇게 빨리 몸의 변화가 올 줄은 꿈에도 몰랐다고 했다. 운동은 정확한 이론과 많은 실험을 거친 과학이라는 걸 처음 알았다고 했다.

현재 본 클럽에서 운동을 시작한지 3개월 정도밖에 지나지 않았지만 이미 양쪽 가슴에 있었던 통증과 종양은 사라졌으며 지금은 아주 건강한 몸으로 2016녀 3월 신학기에 복직할 준비를 하고 있다.

(2015년 6월 20일)

운동으로 무릎 관절염과 싸워 이기다

한상신 씨는 1955년 3월 22일생으로 광주 광산구 신가동에 거주하신다. 2014년 2월 2일 아들 이범석(35세)과 함께 본 클럽에 찾아오셨다.

2014년 2월 4일 무릎 연골 협착으로 병원에서 수술받기로 예약이 되어 있다고 했다. 아들 이범석 씨는 수술을 하고나서 해야 할 재활운동에 대해 많은 것을 질문했다. 운동은 수술과는 관계없이 반드시 지속해야 하지만 기왕이면 수술을 하지 않고 운동에 임해도 완벽하게 치유될 수 있다는 말을 했다.

한상신 씨와 아들은 어떻게 지금껏 많이 사용하여 닳아져 버린 무릎관절뼈가 고쳐질 수 있을까 하고 의아심이 생긴다는 뜻으로 물었다. 필자는 이렇게 설명했다. 주먹을 쥐고 마룻바닥을 쳤을 때 많이 아픔을 느낄 것이다. 그때 주먹에 있는 뼈와 표피는 마룻바닥과 부딪혀 대단히 무리를 당했지만 이 무리는 계속 부딪치지 않고 쉬고 잠 잘 때 다시 찾아올 충격을 방어하기 위해 우리 몸이 좀 더 튼튼히 복구하게 된다. 그리고 다음날도 또 다음날도 같은 행동을 지속하면 우리 몸은 스스로 적응하기 위해 복구하게 되며 날이 지날수록 좀 더 강하게 부딪치면 더욱 강하게 복구하여 아주 튼튼해지며 나중에는 돌도 깨뜨릴 수 있는 강한 주먹이 만들어진다.

이와 같이 우리 몸속에 있는 뼈도 처음엔 아주 약한 무리를 가하면 처음엔 많이 통증을 유발하겠지만 날마다 반복하여 20일 정도가 지나면 본인이 차도를 알 만큼 좋아지며 날이 지날수록 좀 더 강도 높은 훈련에 임하면 아주 튼튼한 고 관절도 허리도 무릎 관절뼈도 만들어지게 된다는 것이다. 여기서 특별히 주의해야 할 것은 좋아진다해서 하루에 두 번을 행한다든가 복구할 수 있는 본인의 복구할 수 있는 능력을 초월하면 오히려 장애가 되어 나빠질 수 있다는 것이다.

이해가 잘 되지 않을지 몰라 다시 한 번 설명을 한다면 유도 선수나 레슬링 선수들의 귀를 보면 혹 같은 물렁뼈가 생겨 변형된 귀를 발견할 수가 있다. 그것은 운동을 하는 도중 상대와 심한 마찰이 반복적으로 지속되어 생긴 후천성 연골이 만들어져 변형된 귀가 만들어진 것이다.

우리 몸은 이렇게 규칙적인 자극을 가하면 그 자극에 적응하기 위해 발달을 꾀하게 되어 있으며 이러한 원리를 이용하여 허리 관절이나 고 관절 또는 무릎 관절을 운동요법만으로도 완벽하게 치유할 수 있다는 사실이다.

한상신 씨는 아들의 권유와 필자의 설득에 병원의 수술예약을 취소하고 그로부터 운동을 시작하여 3개월 후에는 거의 완벽에 가까울 정도로 치유되었고 지난 날 고통이 오히려 전화위복이 되어 지금도 뛰고 달리며 활발한 생활을 하고 있다.

이러한 운동 치유방법은 특별하거나 또 우연히 치유가 된 것이 아니라는 것이다. 그리고 정확한 이론과 섬세한 운동의 과정 속에서 치유되지만 다만 환자의 경중에 따라 좀 기간의 차이와 운동의 강약이 다를 뿐 어떤 사람도 똑같이 운동요법으로 치유할 수 있다. 운동을 지속하고 있는 동안 다시는 재발하지 않을 뿐만이 아니라 다른 건강도 탁월하게 뛰어나 긴 인생을 살 수 있다. 물론 현대 의술이나 의약으로 무릎 관절에 베이커씨 낭종이나 점액낭염 또 연골 손상에 의해 삼출(물이 차있음)은 치료 후 운동요법을 선택해야 한다.

고관절(천장관절 증후군) 환자 조춘자 씨는 1947년 7월 17일생으로 광주광역시 광산구에 산다. 2012년 12월 14일 필자의 클럽에 찾아 왔다. 조춘자씨 말에 의하면 허리와 엉덩이뼈가 만나는 천장관절 증후군으로 통증이 심해 밤에도 잠을 잘 이루지 못한다는 것이다. 현재는 혈압약과 고관절 약을 동시에 복용하며 전에는 3개월에 한 번 정도 뼈주사(스테로이드 강력 항염증제)로 통증을 완화하였으나 현재는 1~2개월도 되지 않아 통증이 찾아와 고통을 참기어렵다는 것이다. 의사의 말에 의하면 퇴행성 관절로 뼈주사를 자주 투약하는 것은 일시적 통증 완화 효과는 있지만 장기 투약이 또 다른 부작용을 동반하고 있으므로 좀 더 심해지면 인공 관절수술을 받아야 한다고 했단다.

　필자는 앞에서 한상신 씨에게 말 한대로 똑같이 이야기한 다음 2012년 12월 14일부터 운동을 시작하여 5개월 후에는 완벽에 가까울 정도로 좋아졌으며 2016년 4월 이 책이 나오기 직전까지 혈압약과 고관절약을 전혀 사용하지 않고 본 헬스클럽에서 하루에 1시간 정도 운동으로만 건강한 나날을 보내고 있다.

운동으로 신체의 마비와 싸우다

　조화원 씨(1954년생)는 광주광역시 북구 두암동에 거주한다. 2010년 11월 15일 조화원 씨 부부가 처음 필자를 찾아왔을 때는 엘리베이터에서 내려 부인의 부축을 받으면서 상당한 시간이 걸려 5m 정도 거리인 상담실에 들어왔다. 윤여사의 말에 의하면 남편인 조화원 교수가 6년 전 뇌수술로 인하여 병원 치료와 재활치료를 지금까지 받아왔으며 2010년 11월 15일 당시 필자를 찾아왔을 때 조교수님의 현 상태는 언어구사 전무, 얼굴 와사증, 우측 손, 우측 팔 사용불가, 우측다리 사용불가였으며 부인의 말에 의하면 인지능력은 있다고 했다.

　필자는 조 교수 부부에게 요사이 우리나라뿐만 아니라 전 세계적으로 병원에서 재활운동 시설들을 잘 갖추고 환자 재활운동을 시키고 있으면서 좋은 효과를 거두고 있는 듯 보이지만 필자가 보기에는 운동의 원리가 맞지 않는 치료 요법을 사용한 관계로 아주 미세한 효과만을 거두고 있다고 말할 수 있다. 조 교수님 또한 지금까지 6년간 병원에서 재활치료 효과가 아주 미미한 효과였으나 이제부터 몇 개월간의 운동치유 요법은 확실히 다르다는 것을 알게 될 것이라고 설명했다.

이유인즉, 현재 모든 병원의 재활운동 치료요법은 대동소이하게 현재 불편한 곳 즉 팔다리에 장애가 있다면 장애가 있는 팔다리를 집중적으로 훈련하는 재활 운동 요법이며 세계 모든 재활치료 병원에서조차 동일하게 실시하고 있다.

그러나 필자는 세계 어디에서도 사용하지 않는 비법을 사용하고 있다. 그 비법은 장애가 있는 팔 다리를 치료하기 위해서는 장애가 있는 쪽이 아닌 현재 아무런 이상이 없는 팔 다리를 체계적이고 단계적으로 강화시켜야 된다는 것이다. 왜냐하면 현재 팔 다리의 마비가 온 원인을 잘 분석해 보면 답이 정확하게 나온다. 현 마비가 찾아온 팔 다리는 팔 다리의 신경계를 명령하는 중추 신경과 뇌 세포에 출혈이나 혈전으로 뇌세포와 중추신경 세포가 영양과 산소 공급을 제대로 받지 못해 중추 신경과 뇌세포에 기능 장애가 생겼으며 이로 인하여 팔 다리에 장애가 찾아왔기 때문이다.

이러한 관계로 현재 마비된 팔 다리는 아무리 운동을 시켜도 그 부분에 명령을 내리는 뇌세포와 중추신경 세포를 그대로 두고는 효과가 아주 미미할 뿐이라는 논리다. 그래서 필자는 조 교수 부부에게 지금까지의 6년 동안 병원에서 받은 재활 운동의 미미한 효과가 얼마나 많은 허송세월을 낭비했는지를 알려 주었으며 이제부터 재활운동의 방법은 현재 마비된 팔 다리가 아닌 약하지만 아무 이상이 없는 팔 다리를 체계적이고 단계적으로 운동을 시켜 몸 전체의 건강은 물론 심장과 혈관의 발달을 극대화시킨 운동치유 방법으로 뇌세포에 영양과 산소공급을 원활하게 하는 재활운동 방법이라 하겠다.

이와 같은 과정을 통하여 체계적이고 단계적인 재활운동을 하는 방법을 글 속에 일일이 나열하기는 어려워 소개하지 않았다. 하지만 류 교수의 2개월 후의 결과는 운동력이 처음에 비교하여 조금 더 발달이 아닌 몇 배나 더 향상되었으며 피부 혈색은 물론 말문이 트이기 시작했고 필자와 소통하면서 재활 운동을 하게 됐다. 이러한 효과의 결과는 절대로 우연의 일치가 아닌 정확한 이론과 수많은 사람들의 재활 치유 효과에서 나타난 결과이며 예를 들어 뇌사(腦死)에서 기적으로 깨어난 청년 이야기를 할까 한다.

뇌사자에서 운동으로 일어서다

화순군에 거주하는 김재인(1984년생) 씨는 뇌사 상태에서 깨어나 2011년 8월 1일 필자가 운영하는 건강 클럽에 찾아왔다.

모친의 말에 의하면 2010년 1월 27일 부정맥으로 쓰러져 혼수상태로 병원으로 이송했으나 뇌사로 판정 담당 의사 진들은 김재인 씨의 안타까움을 가족과 모친에게 전하고 아들의 뇌사는 안타깝지만 어쩔 수 없음을 설명하고 최후로 젊은 청년의 장기는 여러 사람에게 새로운 삶과 희망을 줄 수 있으니 장기를 기증해 주시면 좋겠다는 의견을 김재인 씨의 가족과 모친에게 몇 번이나 권고를 했다고 한다.

그러나 모친 오영순 씨는 슬하에는 딸 셋에 아들 하나뿐이어서 집안 대를 이를 독자 아들을 기어이 살리고 말겠다는 강한 집념과 희망 하나를 믿고 완강히 거절을 한다. 그로부터 1개월 6일이 지난 어느날 뇌사자 김재인 씨는 미세한 움직임을 보였고 모친의 지극한 정성과 가족의 헌신적인 사랑과 재활운동의 덕분으로 2년이 좀 지난 2011년 8월 2일 필자를 찾아왔을 때의 상태는 혼자서는 일어설 수는 없으나 양손을 잡아당기면 일어섰으며 일어났을 때의 몸의 상태는 반듯하지 않았고 15도 정도 옆으로 휘어졌다. 시선은 허공이거나 먼 산이었으며 양손을 잡고 드문드문 발을 내디딜 정도와 목은 빳빳이 굳어있고 대화는 불가능 전무이며 왼쪽 가슴 상단에는 심장 인공 전파 기기를 삽입해서 혹처럼 불룩 튀어나와 있었고 현 몸의 영양 상태에는 별 이상이 없는 듯 보였다

필자는 바로 재활운동에 들어가기 전 오영순 여사와 가족께 병원의 재활운동의 원리와 필자의 건강 클럽에서의 재활 운동의 원리에는 80% 이상의 차이가 있다고 설명했다. 이유인즉 조화원 교수의 재활운동 설명에서와 같이 불편한 수족을 운동시키는 것이 세계적인 추세인데 필자의 클럽에서는 현재 사용가능 근육세포가 가장 많은 대둔근과 대퇴근을 사용 단계적인 훈련을 거쳐 폭발적으로 호흡이 빨라지게 하는 재활운동 요법으로 심장과 혈관의 발달을 극대화하여 뇌세포에 영양과 산소 공급을 원활하게 하는데 목적이 있다.

처음 재활운동 시작 첫날은 아주 적은 양의 운동 맨몸으로 양손 잡고 앉아 일어서기 15회와 기타 몇 가지 2일째와 3일째는 첫날과 비슷하였다. 4일째 앉아 일어서기 17회와 10회를 하였고 날마다 조금씩 증가 하여 15일째 34회와 28회 두 번을 했다, 27일째 54회, 50회, 1개월 되던 날은 60회, 52회, 2011년 9월 9일 즉 1개월 9일째 되던 날 84회,

74회의 앉아 일어서기와 기타 할 수 있는 몇 가지 운동을 시켰다.

여기까지 오는 동안 환자와 완전 밀착 현재 재활 운동 중 호흡 상태와 어제 운동으로부터 복구상태 및 여러 가지를 기록하면서 단계적인 재활 운동을 해온 것이다. 결과는 상당히 좋아져서 이제는 한쪽 손만 잡고 걸을 수 있고 완전 손을 놓으면 4~5m 정도 혼자 걸을 수 있었으며 몸도 거의 반듯해졌다.

2011년 9월 10일 환자의 모친 오영순 여사님 말씀에 의하면 딸과 사위가 모두 박사로서 미국에서 근무하고 있는데 환자를 미국으로 보내면 최첨단 의료 시설과 재활병원 시설이 잘 되어 있는 미국에서 처남을 치료하겠다고 한다.

필자는 이때 극구 반대를 했다. 왜냐면 현재 세계 어떤 병원의 재활치료에도 필자의 클럽에서처럼 현재 사용가능한 근육을 이용 심장과 혈관의 발달을 극대화시켜 재활 치료하는 병원은 세계 어디에도 없기 때문이다. 꼭 미국으로 환자를 보내려면 2개월이라도 지나서 보내면 어떠냐고 했으나 미리 계획된 일이라 여권과 항공권 관계로 더 이상은 어쩔 수 없이 필자의 클럽에서 운동을 중지하고 2011년 9월 10일 미국으로 치료 차 떠났다. 그 후 2주 정도 지났을까 오영순 여사님으로부터 필자를 찾기에 무슨 일이냐 했더니 아들 김재인 군이 미국에서 몸 상태가 아주 좋지 않다는 이야기다. 처음 미국에 도착 십 여일 정도는 마무일 없이 지났으나 그 이후부터 몸 상태가 빳빳이 굳어지면서 옆으로 비틀어져 너무 좋지 않는 관계로 재활 운동도 시킬 수 없으며 시간이 흐를수록 더 심해지고 있으니 무섭다는 것이다.

필자는 오영순 여사님께 김재인 군을 빨리 다시 오도록 했다. 미국에서 돌아와 다시 재활 운동을 하기까지 1개월 몇 일이 지난 2011년 10월 13일부터 다시 처음 재활운동을 시작했을 때처럼 적은 양부터 시작했다. 1개월이 지난 11월 14일 앉아 일어서기 60회, 36회, 13회의 운동량을 소화했고, 12월 10일 70회, 40회, 30회를 실시했다. 이제 몸도 바른 자세를 취할 수 있으며 날이 갈수록 건강 상태는 좋은 듯 그 이후에도 미세한 발전은 계속되고 있었다. 필자는 오영순 여사님께 환자의 가슴에 삽입된 인공 심장 전자기기로 인하여 현 몸의 상태는 지속될 수 있으나 더 강한 재활 운동은 불가한 관계로 빨리 제거해 줄 것을 의사에게 요청하도록 했었다.

오영순 여사는 즉시 의사에게 말했으나 의사는 정확한 운동의 요법이 아닌 심장 자동 전자기기가 있어 이렇게 빨리 호전된 것으로 착각하여 제거 불가를 명한 것으로 생각된다. 필자는 환자가 미국에 약 1개월 정도 있는 동안 몸의 상태가 아주 좋지 않았던 것은 재활 운동의 방법이 미국에서와 필자 클럽이 완전 달랐기 때문이며 이런 맥락에서 보았을 때 처음엔 심장 자동 전자기기가 아주 중요한 역할을 담당했던 것만은 사실이나 이젠 중요한 역할이 끝나 심장의 더 강한 재활 운동을 하는데 오히려 장애가 될 수 있다는 것이다.

2011년 8월 2일 보관된 자료에 의하면 처음 필자가 양손을 잡고 당기면서 겨우 15회 앉아 일어서기의 운동을 1회 시켰는데 약 6개월이 지난 2012년 2월 4일에는 본인 스스로 스쿼트 35kg의 무게를 어깨에 짊어지고 앉아 일어나기 32회, 25회 운동량을 소화해냈다. 같은 해 7월 20일부터는 65kg 무게로 30회, 20회 운동량을 소화했고, 2012년 7월 25일 필자의 클럽에서 그만둘 때까지 경이적인 발달을 해온 환자에겐 더 강한 심장 발전을 꾀하기 위해서는 심장 자동 전자기기가 장애의 요인이 된다는 것이다.

다시 말해 부정맥이나 심장의 장애로 인하여 갑자기 쓰러진 사람에게 심폐소생술은 더할 나이 없는 좋은 행위이지만 살아난 사람에게 계속 심폐소생술을 지속하고 있다면 오히려 건강에 장애를 가져 오는 것과 마찬가지다. 이러한 관계로 환자의 심장 자동 전자기기를 제거해 줄 것을 요청했으나 되질 않아 필자로선 더 이상의 발전을 꾀할 수 없어 본 클럽에서 서울 병원으로 가게 되었다.

2015년 8월 10일 김재인 군과 어머님 오영순 여사님이 큼직한 수박 한 덩이를 사가지고 오셨다. 아들 김재인 군은 만 삼년 만에 필자의 건강 클럽에 아들과 함께 다시 오신 것이다. 3년 동안 크게 변함은 없고 떠날 때와 엇비슷한 상태이나 아직도 인공 심장 보조기를 사용하고 있다는 것이다. 그동안 서울 병원에서 재활 운동을 하면서 …….

운동으로 경추 척수증과 싸우다

원당原塘 송기택(1943년생)[2] 씨는 경추 척수증을 앓고 있었다. 그분의 허락을 받아 여기에 그의 글을 오롯이 소개한다.

동영상을 보고 나서

얼마 전 일입니다. 내 핸드폰 카카오 톡Kakao Talk에 동영상 한 편이 올라왔습니다. 이 동영상은 혼자 나들이를 나갔다가 표범에게 쫓겨서 죽을 위기에 처했던 아기곰의 이야기가 실려 있었습니다. 야생 동물들의 생태를 촬영한 다큐멘터리인데도 마치 치밀하게 기획된 드라마처럼 아기자기한 사태의 전개와 반전이 이루어지고 있어서 보는 사람에게

---

2) 원당(原塘), 1943년 1월 25일생, 전 원촌초등학교 · 구례산동중학교 교장. 황조근정훈장 수훈. 광주광역시 북구 임동 거주.

색다른 감동을 주는 영상물이었습니다.

 이야기는 매우 간단합니다. 혼자서 세상 구경을 하던 아기곰이 표범의 표적이 되었습니다. 다행이 아기곰은 이 사실을 금방 눈치채고 바로 도망을 쳤습니다. 그러나 아기곰의 앞에는 깊은 강물이 가로 막고 있었습니다. 도망갈 길을 잃은 아기곰은 마침 강가에 서 있는 나무 한 그루를 발견하고 그곳으로 올라갔습니다. 그러나 표범도 그 나무로 뒤쫓아 올라오기 시작합니다. 나무 끝가지 올라갔지만 더 이상 피할 길이 없어진 아기곰은 다행인지 불행인지 알 순 없지만 나뭇가지가 부러지는 바람에 강물로 떨어지고 맙니다. 물에 빠진 아기곰은 간신히 나뭇가지를 붙잡아 올라타고 물을 따라 아래쪽으로 떠내려갑니다. 이것을 본 표범도 아기곰을 포기 하지 않고 강을 따라 내려갑니다. 표범은 곰보다 먼저 강 아래쪽으로 달려가서 아기곰을 기다립니다. 이제, 아기곰은 아무런 대책도 없이 물결을 따라 표범이 기다리고 서있는 강가로 떠밀려 내려갑니다. 물 흐르는 대로 떠내려간 아기곰은 영락없이 표범의 밥이 될 처지가 되었습니다.

 아기곰이 밀려오자 표범은 아기곰을 덮쳤고, 아기곰의 얼굴에는 피가 낭자하게 흐르기 시작합니다. 이 때였습니다. 느닷없이 어미곰의 우레 같은 포효소리가 계곡에 울려 퍼집니다. 표범이 깜짝 놀라 쳐다보니 언제 왔는지 커다란 어미곰이 아기곰의 등 뒤쪽에서 다가옵니다. 어미곰과 싸워서 이길 수 없는 표범은, 할 수 없이 아기곰을 포기하고 줄행랑을 칠 수밖에 없었습니다. 절대 절명의 위기가 닥쳤던 아기곰은 느닷

없이 나타난 어미곰 덕택에 목숨을 건질 수가 있게 되었습니다.

이 동영상을 보니 나는 바로 하나님의 은혜가 생각났습니다. 험한 세상, 항상 위태로운 길을 가고 있는 우리들을 보이지 않는 곳에서 지키시고 동행 해 주시는 하나님! 그런 생각과 깨달음 때문에 나는 더 큰 감동을 받았는지도 모릅니다.

나는 한때 병으로 인하여 아기곰처럼 절망적인 상황에 놓인 때가 있었습니다.

지난 3~4년여 전부터 있었던 일입니다. 경추(목뼈)의 이상으로 죽음을 앞둔 사람처럼 절망적인 경험을 해야 했습니다. 그런 견디기 힘든 절망 속에서도 좌절하지 않고 지내올 수 있었던 것은, 병의 치유와 건강의 회복을 하나님께 간구하고 기도를 할 수 있었기 때문이었습니다. 또 어려운 고비마다 새로운 희망과 활로를 찾게 해 주시는 하나님의 가호와 은총이 늘 마음속에 느껴져서 감사 기도를 드린 때도 많았습니다.

오늘 내가 그동안 겪었던 과정을 글로 쓰게 된 것은, 마치 아무런 대책도 없이 목숨을 내 주어야할 위기 상황에서 아기곰을 살려준 어미곰처럼, 나도 병으로 죽을 수밖에 없는 목숨을 하나님께서 구해주셨다는 생각이 들었기 때문입니다.

고난의 시작

퇴직을 하고나니 동창생 친구들이 월요산악회를 만들었습니다. 함께 산행을 하며 건강도 지키고 정담도 나누면서 우정을 키우자고 한 일이었습니다. 그리고 주기적으로 산행을 하면서 나에게도 산악회 가입을 강력히 권유했습니다. 그러나 나는 쉽게 응할 수가 없었습니다. 몇 년 전부터 계단을 내려올 때나 높은 곳에서 내려올 때 오른쪽 무릎이 순간적으로 힘이 빠지면서 낙상을 할 뻔한 일이 종종 있었기 때문입니다. 자신도 전혀 예측하지 못한 상태에서 갑자기 무릎에 힘이 빠지면 대책도 없이 아래로 굴러 떨어지기 때문에 산행을 한다는 것은 무모한 짓이라는 생각이 들었습니다. 평지에서는 큰 문제가 안 될 수도 있지만, 산행을 하다가 이런 일을 당하면 자신의 부상은 물론이고 동행인에게까지 큰 누가 될 것은 틀림없는 일이기 때문입니다.

나는 친구들과 산행을 못하는 대신 틈만 나면 광주천 산책로나 집 주위 여기저기를 부지런히 돌아다녔습니다. 그러나 예고 없이 무릎관절이 꺾이는 증상은 편평한 길이라고 안전한 것은 아니었습니다.

어느 여름날 아침 광주천변을 산책하고 있을 때였습니다. 나는 무심코 걷다가 갑자기 굽혀지는 무릎관절 때문에 몸의 중심을 잡거나 가늘 틈도 없이 길바닥에 넙죽이 나가 떨어졌습니다. 주머니에 손을 넣고 걷는 것도 아니고 한 눈을 팔았던 것도 아니었습니다. 그렇다고 길바닥의 돌멩이나 풀뿌리에 걸린 것도 아니었습니다. 이를테면 내가 넘어질 만한 외력外力은 하나도 작용하지 않았는데도 나는 땅바닥에 넙죽 나가떨어진 것입니다.

다행이 그곳은 잘 다져진 진흙길이어서 큰 부상은 입지 않았습니다.

윗입술에 가벼운 찰과상을 입어 피가 조금 나오는 정도였습니다. 그때 마침 나와 반대방향으로 산책을 하다가 바로 내 앞에까지 다다른 한 중년 부인이 서 있었습니다. 그 분은 자기 앞에서 느닷없이 낙상을 하는 나를 보고 몹시 당황해서 어찌할 바를 모르는 눈치였습니다. 남자인 나를 일으켜 세울 수도 없고, 그렇다고 넘어진 사람을 그대로 두고 지나칠 수도 없는 일이니 이러지도 저러지도 못해서 안타까워하는 모습이 역력하였습니다. 나는 나대로 부끄럽고 계면쩍어서 얼른 손수건을 꺼내서 입술을 가리고는 허겁지겁 일어났습니다. "저는 괜찮습니다." 미안한 마음에 나는 묻지도 않은 말대답을 하고, 황급히 그 자리를 떠야 했습니다.

이런 일이 있고부터 나는 한발 한발을 더욱 신중히 내딛고 주의를 했습니다. 그렇지만 내 의지와는 상관없이 또 다시 그런 실수를 번번이 저지르곤 하였습니다. 한 번은 아내와 함께 양동시장에 갔습니다. 사람들의 왕래가 유난히 많은 시장 입구에서 나는 또 넘어졌습니다. 많은 사람들이 느닷없이 땅바닥에 떨어진 나를 에워싸고 걱정스러운 눈초리로 내려다보았습니다. 그때의 내 모습이 얼마나 초라했을까? 지금 생각해도 등골이 오싹할 정도로 부끄러운 일이었습니다.

나는 낙상을 하기 전부터 무릎에 이상이 느껴져서 병원을 찾았습니다. 그러나 병원에서는 무릎의 연골이 많이 닳았기 때문이라며 간단한 물리치료를 해 주는 정도였습니다. 또 치료를 받아 봐도 크게 차도가 있는 것도 아니었습니다. 이런 증상으로 무릎이 특별히 아픈 것도 아니고, 일상생활에 큰 불편이 따르는 것도 아니었습니다. 그러니까 그런대로 지내는 것을 상책으로 여기며 살았습니다.

2009년 7월 중순이었습니다. 나는 밤에 화장실에 가기 위해서 자리에서 일어났습니다. 그런데 평상시와는 다르게 쉽게 일어날 수가 없었습니다. 책상을 붙잡고 간신히 일어났지만, 벽을 붙잡지 않고는 화장실로 갈 수가 없었습니다. 용변도 벽에 기대서서 봐야 했습니다.

그 무렵부터는 손가락의 힘도 점차 빠졌습니다. 손가락에 힘이 없어서 볼펜을 잡고 글씨를 제대로 쓸 수가 없었고, 젓가락질도 할 수가 없어서 집은 음식이 빠져나가기 일쑤였습니다. 그뿐 아니었습니다. 옷을 입고 벗을 때 단추를 채우거나 따는 일도 잘 할 수가 없었습니다. 나는 갑자기 사지에 힘이 빠지는 것이 이상해서 거울을 들여다보았습니다. 그러나 거울에 비친 얼굴 모습은 전혀 환자 같지 않았습니다. 그러니까 나는 얼굴은 멀쩡한데 지체를 쓸 수 없는 중증 환자가 되어가고 있었던 것입니다.

절망의 세월

나는 곧바로 전남대학교병원을 찾았습니다. 그때까지도 나는 내 병을 무릎 관절의 이상으로만 알고 있었습니다. 진찰을 받은 결과는 목뼈의 이상에서 온 '경추 척수증'이라고 했습니다. 전혀 예상 밖의 일이었습니다.

경추 척수증이란 목뼈의 이상으로 중추신경이 뼈의 압박을 받아서 제 기능을 하지 못해서 생긴 병이라고 했습니다. 중추신경이 기능을 잃으면 사지의 힘이 빠져서 결국은 몸을 움직일 수 없게 된다고 했습니다. 시간이 지날수록 신경은 더 많이 기능을 잃게 되고 근력도 떨어지기 때문에, 종국에는 식물인간이 되고 죽음에 이르는 병이라고 했습니다.

그러므로 신경이 조금이라도 덜 손상됐을 때 빨리 수술을 받아야 한다고 했습니다. 사람들은 목뼈와 관련된 병이므로 목 디스크와 유사한 병으로 인식하는 경우가 많으나 증상이나 치료 방법이 전혀 다르다고 했습니다. 두 병 모두 신경이 압박을 받는 것은 같지만 중추증은 중추신경이 압박을 받고, 디스크는 말초신경이 압박을 받는 점이 다르다고 합니다. 따라서 디스크는 대부분이 비수술적인 방법으로 치료가 가능하지만, 척수증은 반드시 수술을 받아야만 하는 병이라고 했습니다. 수술 시기가 늦어져서 신경이 다 손상이 되고 나면 신경이 완전한 회복을 할 수 없기 때문이라는 것입니다.

사지가 무력해지고 손가락에 힘이 빠지는 현상은 식물인간이 되는 과정이라는 생각을 하니 정말로 앞이 캄캄해지는 기분이었습니다. 식물인간이 되기보다는 차라리 죽는 것이 낫겠다는 생각도 들었습니다. 그러나 그게 어디 제 맘대로 되는 일인가요?

내 병이 척수증이라고 했더니, 한 선배님은 목 디스크로 경추수술을 받은 어느 환자의 이야기를 들려주었습니다. 그 환자는 수술 도중에 언어중추신경이 단절되어 멀쩡하던 사람이 벙어리가 되었다고 했습니다.

내가 퇴임하기 전에 보았던 일입니다. 교통사고를 당한 사람이 목을 다쳤지만 겉으로 보기엔 아무 이상이 없었습니다. 그러나 그분은 며칠 지나지 않아 숨을 거두었습니다. 목은 온 몸으로 나가는 신경다발이 모인 곳이어서 목의 부상으로 신경이 죽게 되니 결국 생명까지 잃게 되었던 것입니다. 신경다발이 지나는 목뼈를 수술하는 일은 그래서 더욱 어렵고 중요하다는 것도 알았습니다. 그러니 수술을 받는 것조차도 걱정이었습니다.

수술을 받을 병원이나 의사를 찾는 일도 간단한 일은 아니었습니다. 어떤 사람은 지방의 병원에서 수술을 받는 것이 옳다고 하고, 또 어떤 이는 그래도 서울로 가야한다고도 했습니다. 어떻게 할까 망설이다가 〈공무원 연금〉지가 생각났습니다. 몇 년 전부터 그 책에 여러 해, 여러 달 동안 연재되었던 질병별 전국 명의名醫의 기사 때문입니다. 나는 다행이 그 기사들을 스크랩해서 따로 책으로 만들어 두었습니다.

나는 척추질환의 전국 명의들의 명단을 보고 그분들이 근무하는 병원으로 전화를 하였습니다. 내가 진찰을 받을 수 있는 시기를 알아보고 그중에서 가장 빠른 시기에 진료를 받을 수 있는 분을 찾기 위해서였습니다. 그렇게 해서 내가 가장 빨리 진료를 받을 수 있는 분은 서울 성모병원 척추센터의 박춘근 교수였습니다. 또 그분은 척추 중에서도 경추頸椎를 전공하신 분이셨습니다.

나는 바로 서울성모병원에 진료를 예약하고 진찰을 받았습니다. 그리고 2009년 11월 22일에는 수술을 받을 수가 있었습니다. 빨리 서두르긴 했어도 내가 척수증 진단을 받고나서 4개월이나 지난 뒤였습니다. 수술은 성공적으로 잘 되었고 수술이 끝나고 사흘 만에 퇴원을 하게 되었습니다. 입원실이 충분하지 못하므로 수술이 잘 된 외과환자는 바로 퇴원을 시키는 것이 이 병원의 규칙이라고 했습니다. 나는 할 수 없이 퇴원을 했지만, 집에 오기 위해 타는 고속버스는 시간이 너무 많이 걸렸습니다. 이제 막 수술을 받은 사람이 4시간 가까이 버스를 타기는 무리였습니다. 그래서 부득이 비행기를 타고 집으로 돌아와야 했습니다.

자신의 병을 치료해 줄 의사를 전국의 명의들 중에서 스스로 찾아내고 진료를 받는다는 것은 결코 우연일 수 없는 하나님의 크신 은총이었습니다. 또 그 의사가 척추 중에서도 경추를 전공하신 분이라는 점도 나에게는 큰 행운이었습니다. 아무리 명의라고 하지만 수술과정에서의 실수나 다른 문제로 일어날 수 있는 위험 요소들이 너무도 많은 수술이었습니다. 그래서 수술 전에는 수술과정에서 잘못되어 더 큰 불행한 경우가 생겨도 감수한다는 각서를 썼습니다. 따라서 하나님의 가호加護 없이는 그 누구도 성공적인 수술을 장담할 수 없는 일이었습니다. 담당 교수님도 "경추 수술이 절대로 간단하거나 쉬운 수술은 아닙니다. 그렇지만 우리는 밥 먹듯이 자주하는 수술입니다." 하며 안심을 시켜 주셨습니다.

짧은 회복의 기쁨 뒤에 온 더 큰 절망

수술 후 1년 반 정도의 기간이 지나자 나는 예전 같지는 못해도 가벼운 운동도 할 수 있을 정도로 회복이 되었습니다. 그래서 가족들과 함께 울릉도와 독도까지 여행을 다녀오기도 했습니다.

2011년 5월 30일이었습니다. 우리 내외는 이웃에 사시는 교수님 내외 호의로 함께 골프 라운딩을 하게 되었습니다. 그런데 경기가 거의 끝나가는 마지막 홀에서 나는 또 갑자기 땅바닥에 쓰러졌습니다. 그때 나는 체력이 거의 소진된 상태였으므로 남은 경기를 포기하고 돌아왔습니다. 그때부터 다시 걷는 것이 너무 힘들어져서 지팡이를 짚기 시작했습니다. 그리고 바로 병원을 찾아갔습니다.

병원에 가는 도중 고속도로의 휴게소에서 있었던 일이었습니다. 나는 차에서 내려 화장실에 가는 도중 갑자기 또 땅바닥에 주저앉고 말았습니다. 넘어지자마자 바로 일어서보려고 안간힘을 썼지만 여의치가 않았습니다. 지팡이를 짚고, 또 곁에서 아내가 부축을 해 주어도 나는 일어설 수가 없었습니다. 다행히 그곳을 지나던 한 건장한 남자의 도움을 받고서야 나는 겨우 일어섰습니다. 서울에 도착해서도 또 어려움이 닥쳤습니다. 에스컬레이터를 타야하는 곳에서 나는 기계의 속도에 맞추어 발을 내딛고 체중을 옮겨 실을 수가 없었습니다. 곁에서 바라보던 아내도 어쩔 수가 없었던지 나를 남겨두고 혼자서 가버렸습니다. 앞서 휴게소에서 넘어졌을 때의 일에 비추어 볼 때, 우리 두 사람의 힘만으로 에스컬레이터를 타기는 무리라는 판단 때문이었다고 했습니다.

잘못하다가는 오히려 더 큰 사고를 불러일으킬 것이 분명하다고 생각한 것이지요. 그때의 난감하고 서글펐던 마음은 말로는 표현할 길이 없습니다. 다행히 그곳에서도 한 건장한 남자분의 도움을 받아서 어렵사리 병원에 갈 수가 있었습니다.

의사선생님은 척추의 다른 부분에 또 이상이 생겼는지를 알아보자고 했습니다. 그래서 척추전체를 MRI 촬영을 하였습니다. 다행히 다른 이상은 발견되지 않았습니다. 검사 결과는 좋았지만 한번 떨어진 사지의 운동 기능 회복은 뾰족한 방법이 없다고 했습니다. 12일분의 약을 처방해 주었습니다. 그리고는 "이 약은 더 이상 처방을 해 드릴 수도 없고, 더 이상 먹어서도 안 되는 약입니다. 약을 먹는 동안에 회복이 안 된다면 더 이상 다른 방법이 없습니다. 재활의학과로 가셔서 치료를 받아보시기 바랍니다."라고만 했습니다. 오랜 기간 뼈의 압박으로 중추신경이 제 기능을 못한 내 사지의 근력은 바닥상태로 떨어졌던 것입니다. 서둘러서 회복을 시키지 못한다면 보행을 못할 수도 있다는 것이었습니다. 처방해 준 약의 효과는 빨라서 집으로 돌아올 때는 비교적 수월하게 왔습니다.

나는 바로 재활의학과에서 치료를 시작했습니다. 그러나 막 약을 먹을 때 말고는 더 이상 회복은 되지 않았습니다. 깊은 절망감에 빠져서 하염없이 창밖을 내다보았습니다. 뜰에는 몇 마리 참새들이 내려와 모이를 찾고 있었습니다. 가느다란 다리지만 팔짝팔짝 뛰어다니는 모습이 그렇게 부러울 수가 없었습니다. 제 다리로 제 몸을 지탱하고 움직일 수 있다는 것이 얼마나 소중하고 행복한 일인지를 예전에는 미처 몰랐습니다.

약은 떨어져가고 더 이상 회복은 되질 않으니 안타깝기 그지없었습니다. 시간이 지날수록 더욱 초조해지고 다시 절망감이 압박해 왔습니다. 이제 더 이상의 회복은 기대할 수 없고 모든 것을 체념해야 할 처지이고 보니 참으로 비통한 생각이 들었습니다. 엉엉 소리쳐 울고 싶기도 했습니다.

어려운 수술을 잘 받게 돼서 정상으로 회복되는 일은 시간문제라고 여겨왔던 내가 다시 절망의 나락으로 떨어진 것입니다. 아내가 느끼는 절망감도 나와 별반 다르지 않았던 모양이었습니다.

처음으로 찾은 마이애미 헬스장

아내는 재활의학과 치료를 그만두고 헬스장으로 가보자고 했습니다. 아내의 엉뚱한 제안에 나는 어이가 없어서 그 이유를 물었습니다.

아내는 절망감을 잊으려고 여태껏 보지 않았던 TV를 보았다고 했습니다. 그런데 KBS1 TV 아침마당에 한 보디빌더Body Builder가 출연하여 자신의 과거 이야기를 들려주더라고 했습니다. 젊은 시절, 파킨슨병으로 하체가 마비되어 걸을 수가 없게 되었지만 헬스를 통해서 다시 걷게 된 사람이라고 했습니다. 금년에는 전국 동안童顔대회에서 대상을 받을 만큼 건장한 사람이 되었다고 했습니다. 바로 그 보디빌더가 광주에서 헬스장을 경영한다니 찾아가 보자는 것이었습니다.

절망 속을 헤매던 우리에게 다시 새로운 꿈이 생겼습니다. 우리는 바로 가까운 운암동의 한 헬스장을 찾았습니다. TV에서 들었던 그 헬스장을 찾기 위해서였습니다. 그러나 경영주 이름이 이계남 씨라는 것만 아는 우리는, 헬스장을 찾는 것이 결코 쉽지 않은 일이었습니다. 자녀들까지 동원하고 인터넷을 뒤져서 어렵게 그 헬스장을 알아냈습니다.

광주 광산구 신가동 마이애미 피트니스Fitness 였습니다. 나는 바로 그곳을 찾았습니다. 그리고 바로 그분의 지도를 받으면서 헬스를 시작했습니다.

그분은 자신이 깊은 절망 속에 빠졌어도 결코 좌절하지 않고, 스스로의 의지와 노력으로 일어섰으며 오히려 그것을 바탕으로 새로운 삶을 개척해온 유별난 사람이었습니다. 그는 성품이 남달리 근면 성실하고 신념이 굳은 분이셨습니다. 그분의 소문을 듣고 전국에서 많은 사람들이 전화도 하고 찾아오기도 하였습니다. 그분은 유난히 친절하셔서 모든 분들에게 친절히 응대를 해주었고 적절한 방법으로 도움도 아끼지 않았습니다. 또 그분은 일반 병원이나 의료원과 달리 아프거나 약한 부분만을 치료의 대상으로 보질 않고 온몸을 골고루 발달시켜서 약한 부분이 회복되도록 조치를 하였습니다. 운동을 하는 동안 운동의 원리나 생체학적 변화까지를 하나하나 설명해 주시는 치밀함도 잊지 않았습니다. 그러므로 환자는 결국 자기 체력의 근본적 회복으로 치유가 되도록 했습니다.

그러나 마음대로 걷고 서기를 못해서 지팡이에 의지하는 환자가 헬스를 하는 일은 결코 쉬운 일이 아니었습니다. 사지에 힘이 없고 보니 헬스기구를 이용할 수 있는 종목도 많지를 않았습니다. 죽을 힘을 다해도, 5kg짜리 바벨역기을 겨우 세 번 들어 올린 것이 전부였습니다. 지도자의 손을 잡고 앉고 일어서기를 시작으로 몇 종목의 운동을 20여 분 정도 하는 것이 하루 일과의 전부였습니다. 그렇게 보잘 것 없는 운동을 하는데도 운동이 끝나면 지쳐서 쓰러질 지경이었습니다.

헬스장에는 뇌졸중으로 지체부자유자가 된 젊은 교수님 한 분이 함께 재활치료를 받고 있었습니다. 그 분은 "이건 바로 지옥훈련입니다." 라고 서슴없이 말하곤 했습니다. 정말로 근력이 바닥난 우리들에게는 이 운동 자체가 지옥훈련임에 틀림없다는 생각이 들었습니다.

가쁜 숨을 몰아쉬어 가며 운동을 마치고 나면 기진맥진하여 신발조차 신기가 어려웠습니다. 내가 너무 힘들어 보이면 헬스관장님은, "운동은 고통을 받기 위해서 하는 겁니다. 편안하고 싶어서 운동을 포기하면 우리 몸은 재활이 아니라 노쇠로 이어지므로 근력은 회복할 길이 없어집니다." 이렇게 다그치고 격려를 해 줍니다. 운동을 마치고 집으로 돌아오면 그때부터 다음 날 다시 운동을 할 때까지 종일을 침상에서 쉬어야 합니다. 그래도 나는 마치 물에 빠진 처지에서 지푸라기를 붙잡는 심정으로 운동에 매달릴 수밖에는 도리가 없었습니다.

이렇게 힘든 일과이지만 이를 악물고 고통을 참는 나날이 늘어가자 알 듯 모를 듯 변화가 오기 시작했습니다. 지팡이 없이는 한 발자국도 이동을 못했던 내가 지팡이를 놓아도 되었습니다. 전혀 접근할 엄두도 못냈던 헬스기구도 하나둘씩 이용을 하게 되었습니다. 이렇게 3개월이 지나고부터 나는 힘들긴 하지만 자력으로 헬스를 할 만큼 힘이 늘어났습니다. 그리고 언제부터인지는 몰라도 그동안 힘살이 빠져서 밋밋해진 종아리나 허벅지, 그리고 엉덩이도 조금씩 도톰해지기 시작했습니다. 처음에 겨우 3번을 들어올렸던 역기도 이제는 100번을 훨씬 넘겨서 들어올릴 정도가 되었습니다. 또 처음에 고작 3~4종목의 기구밖에 이용할 수 없었던 내가 이제는 20여종의 기구를 사용하고, 하루 평균 2시간이 넘는 운동량도 거뜬히 소화할 수 있게 되었습니다.

몸의 성분을 분석해 보니 체질도 바꿔지고 있음을 알 수 있었습니다. 단백질과 무기질량이 증가하고 근육량과 골밀도가 높아졌으며 체지방이 줄고 기초 대사량이 높아진 것도 알 수 있었습니다. 또 평소에 높았던 혈압 때문에 10여 년 전부터 복용해오던 혈압약도 이제는 혈압약을 먹지 않아도 안정적으로 되었습니다. 이렇게 되고 보니 헬스야말로 가장 빠른 기간 안에 신체의 모든 부분을 발달시키고 신체의 각 기관을 활성화시켜 준다는 사실도 체험을 통해 알게 되었습니다. 평소에 러닝머신을 하는 사람을 보면, '들이나 산책로를 걸으면 좋을 텐데 왜 저럴까? 하고 의아해 하던 내 생각이 잘못된 것임을 뒤에야 깨달았습니다.

아직도 내 몸이 완전히 회복된 것은 아닙니다. 그러나 내가 투병하던 지난 기간을 되돌아보면, 내가 길을 잃고 절망의 계곡을 헤맬 때마다 언제나 나에게 새로운 활로를 찾게 해 주시고 희망을 갖게 하신 이가 바로 하나님이셨음이 깨달아져서 깊은 감사를 드리지 않을 수 없었습니다. 그래서 이계남 원장님께도, "당신은 하나님께서 나에게 보내주신 분입니다."라는 말을 서슴없이 하곤 했습니다. 왜냐하면 내가 〈이계남 재활원〉을 찾지 못했다면 일어서지도, 걷지도 못하는 식물인간이 되고 말았을지도 모르기 때문입니다.

만약 내가 좋은 의사를 찾지 못해서 수술을 잘못 받았다면 어찌 되었을까? 명의를 만나고도 일찍 수술을 받을 수 없었다면 어찌 됐을까? 또 재활치료 과정을 잘못 선택해서 근력의 회복이 되지 못했다면 어찌 됐을까? 내가 좋은 의사를 만나서 수술을 잘 받게 된 일이나, 근력의 회복과 재활을 위해 마이애미 헬스장을 찾게 하신 이는 바로 하나님이셨음을 나는 확실히 믿습니다.

언제나 나의 등 뒤에서 나를 지켜주시고 합력하여 선을 이루시는 하나님께 한없는 찬양과 영광을 드리는 까닭은 그분의 은혜가 한량없기 때문입니다.

3

나는 파킨슨병 환자였다

무릉도원으로 간 사람들

　많은 사람들이 자기의 고정관념이나 아는 것이 옳다고 자신하고 있다. 하지만 전문가의 말에 귀를 기울이지 않는다면 그 방면에는 무지할 수 있으며 또한 자신이 모르는 일과 싸우면 절대 이길 수 없다는 것을 알아야 한다.

　예를 들어 물리학 박사나 의학박사도 농사일을 해 보지 않았다면 농사일만은 농사꾼만 못할 것이며, 또한 어른들이 아무리 지능이 높고 모든 일에 능수능란하여도 갓난아이보다 젖을 빠는 기술에서만큼은 어린아이를 못 따라갈 것이다.

　이렇게 말하는 이유는 세상 사람들이 지금껏 찾아내지 못한 무릉도원에서와 같이 수많은 병마로부터의 잔인한 고통이 전무한 세상이 실제로 존재함을 찾아내고 또한 우리 모두가 그곳으로 함께 가기를 소망하기에 이 거짓말 같은 진실을 말하고자 한다.

그곳으로 간 사람들은 지금껏 살아온 사람들에 비하여 젊음이 배가 되어 오래 살 수 있고 어떠한 병마라도 이겨낼 수 있는 강력한 저항력을 소유하고 있을 뿐만 아니라 80이 넘은 나이에도 아름다운 연인과 사랑을 나눌 수 있다. 또 사업가는 사업을 할 수 있고 정치가는 정치를 할 수 있으며 종교인은 더 오래 살면서 교리를 전도할 수 있을 뿐만 아니라 과학자나 노동자 누구나 할 것 없이 지금 남은 생의 배 이상을 현 시대와 똑같이 건강하게 생활할 수 있다는 것이다.

이런 말을 하는 필자는 절대로 몽상가도 아니고 입심이 좋아 떠버리는 입 씨름꾼도 아니며 더구나 이익을 창출하기 위해 사기나 허무맹랑한 말을 하는 것이 아니다. 또 종교와도 아무런 이해관계가 없는 오직 서두에서도 말했듯이 세상의 모든 사람들에게 수많은 병마에 시달리지 않고 무릉도원에서와 같이 살 수 있게 안내하기 위해서다.

솔직히 필자가 이 무릉도원 같은 세상을 찾아내게 된 과정에는 다시 기억하고 싶지 않은 나의 쓰라린 과거가 있다. 하지만 그럼에도 불구하고 여러분에게 나의 고통스러웠던 과거에 대한 이야기를 잠깐 하고자 한다.

1979년 가을 그때 나는 광주 중심가인 동구 황금동에서 슈퍼마켓과 식료품 상회를 운영하며 생활하고 있었다. 그러나 내 나이 37세 가을 되던 무렵 어느 날 갑자기 나에게 커다란 시련이 찾아왔다.

처음에는 나의 오른쪽 다리와 발가락의 감각이 둔해지면서 저리기 시작했다. 필자는 아내인 최금숙에게 이 사실을 알렸고 나는 아내와 함께 유명하다는 한의원에 가서 진맥과 진찰을 받아보게 되었으며 한의원 원장님의 말씀은 기가 허하다는 거였다. 그래서 보약이란 보약은 다 먹어보았고 세상에 좋다는 약제들도 많이 사용해 보았지만 나아지는 기미가 보이지 않았다. 게다가 몇 개월 뒤에는 배꼽 한 가운데를 중심으로 실금을 그리듯 상반신은 조금도 이상이 없는 반면 하반신 전체가 감각이 둔해지고 떨리며 절음현상이 오기 시작했다. 오랫동안 화장실에 쭈그리고 있거나 자리에서 앉아 있다가 일어서면 나타나는 절음현상이 24시간 365일 날마다 지속되었다. 결국 항문마저 한 번 열리면 잘 닫히지 않아 무엇인가로 계속 누르고 있어야 겨우 닫혀졌고, 기저귀를 사용하지 않으면 안 되었다.

그때 전남대학교 의과 대학병원 원장님이신 김영인 박사님의 소개로 신경외과 전문의 박사님들과 원광대 한방 의사들의 진찰을 받아 치료를 해 보았다. 하지만 뚜렷한 병명마저 그때에는 찾아내지 못한 채 발병한지 3년이 지나면서 더욱 마비현상은 심해졌다. 지팡이에 의존해도 2~3m도 걷지 못하고 쓰러졌으며 날이 지나고 시간이 흐를수록 마비현상의 차도는커녕 점점 희망 없는 좌절뿐인 나의 몸은 나의 정신세계마저 연약하게 만들어 날마다 세상을 그만둘 생각만으로 가득했다. 그럴 때마다 이 젊은 나이에 사랑하는 아내와 아직 병아리 같은 귀여운 세 자녀를 남겨둔 채 세상을 그만둘 생각을 하면 소리 없는 눈물만이 앞을 가렸다.

아내는 나의 병간호를 위해 온갖 노력을 아끼지 않았고 세상에 좋다는 것들을 찾아다니며 심혈을 기울였으나 의미없는 나날만 지나고 있던 어느날이었다. 우리 집에서 아주 가까운 거리에 헬스클럽이 새로 생겼다는 소식을 전해 듣고 막내처남 최삼수의 부축을 받으면서 헬스클럽에 가입하고 운동을 다니기 시작했다. 처음에는 불편한 몸이라 운동을 하기가 너무 힘들고 운동을 조금이라도 하고 나면 하반신의 절음 현상은 더욱 심한 고통으로 이어져 도중에 몇 번이나 운동을 포기할까 생각했으나 끈기를 가지고 지속하다 보니 3개월 5개월 지나면서 내 몸에 아주 미세하지만 조금씩 힘이 점점 생겨난다는 것을 발견하게 되었다.

나에게 새로운 희망이

나는 그 이후부터 운동이야 말로 나의 희망이요 자살이라는 벼랑에서 나를 구해낸 인생의 동반자이자 삶의 외길이라 믿었다. 날마다 하루도 빠짐없이 열심히 운동을 했으며 운동을 시작한지 1년이 조금 지나면서 의지하고 다니던 지팡이도 버렸으며 하반신의 절음과 마비 현상에 확실히 큰 차이를 보이기 시작했다. 그래서 하루 1시간에서 1시간 30분 정도를 일요일을 제외하고 날마다 운동을 계속하게 된다.

1986년 6월 21일 운동을 시작한지 5년 만에 전남 지방의 남자 중에서 가장 근육질이 잘 발달된 미스터 코리아 전남 예선에서 전남 라이트급 1위에 오르는 영광을 얻게 되었고 각 체급 1위를 차지한 선수들끼리 겨루는 종합 타이틀전에서 심판 전원일치로 제일 좋은 몸으로 뽑혀 종합타이틀을 차지하게 되었다. 그리고 같은 해 1986년 7월 22일 45세의 나이에 전남 대표 선수로 젊은이들의 전유물로만 여기던 미스터 코리아 선발 대회에서 일반부 라이트급에 출전해서 3위의 영광을 차지할 만큼 건강한 몸을 만들게 되었다.

그리고 그때서야 알게 된 사실은 나의 하반신의 절음과 마비현상은 현대 의술이나 현대 의약으로는 전혀 치료가 불가능한 파킨슨병으로 이미 오래 전에 걸려있었다는 것도 알게 되었다. 그 이유는 내가 군복무 시절 1군 사령부에서 강원도 원주시 복싱 대표 선수로 출전하면서 시합 도중 상대 선수를 다운도 시켰지만 나도 다운되기도 하면서 뇌신경 세포에 손상이 와 있었다는 것을 알게 된 것이다. 건강이 좋았던 때에는 잘 나타나지 않았지만 술과 담배, 스트레스로 점점 몸이 쇠약해지면서 37세에 파킨슨병[3] 증세가 나타났던 것이다.

그러나 이제 나에게는 하반신이 마비되고 현대 의학으로는 치료가 불가능한 파킨슨병 따위는 절대로 오지 않을 것이며 현재 칠십대 중반의 나이까지도 파킨슨병은 물론 어떤 병마도 나에게 들어올 수 없도록 완벽한 조처를 날마다 취하고 있다. 오히려 나에게 하반신 마비현상은 전화위복이 되었다. 현대 의술로 밝혀지지 않았던 건강에 대한 새로운 상식과 운동에 대한 엄청나게 많은 새로운 지식들을 한 아름 안겨다 준 고마운 병마였다. 이 엄청나게 많은 건강에 대한 새로운 지식과 운동에 대한 자세한 원리들을 여러분에게 확실히 알려서 무릉도원에서처럼 국민 모두가 함께 건강하며 장수할 수 있는 세

---

3) 파킨슨병(Parkinson's disease) : 뇌의 흑질에 분포하는 도파민의 신경전달세포가 점차 소실되어 발생하며 수족의 떨림과 경직 운동완만 및 자세불안정이 특징적으로 나타나는 신경계의 만성진행성 퇴행성 질환이다.

상으로 안내하고자 한다.

필자가 이 길을 나선 지가 벌써 수십 년의 세월이 흘렀고 이제는 행복이 가득한 무릉도원을 내려다보면서 나 혼자만 들어갈 곳이 아니라는 것을 깨닫게 된 것이 이 글을 쓰는 중요한 이유이다. 그러나 확실히 알아둘 것은 그 길이 결코 순탄하지는 않다는 것이며 하루에도 한번은 엄청나게 힘들고 숨 가쁘며 때로는 배고픔도 참아가야 한다. 대단한 끈기가 요구될 뿐만 아니라 운동에 대한 많은 지식과 그 지식에 대한 확실한 믿음, 그 믿음을 실천하는 자만이 낙오 없이 무릉도원에 입성할 수 있다는 것이다.

인간은 누구나 무릉도원에서와 같이 건강하게 오래 살고 싶어하지만 하고 싶다고 해서 그것이 마음대로 되는 것은 참으로 아니다. 무릉도원에서와 같이 건강하며 행복한 인생을 보내려면 무릉도원으로 안내한 이 글을 읽고 가는 길부터 확실히 알지 않으면 무릉도원에 입성할 수 없을 것이다.

무릉도원 입성을 위해 무릉도원 가는 길을 확실히 알아두지 않으면 절대로 무릉도원에 입성할 수 없다. 다시 말하자면 제대로 하는 운동의 원리를 잘 알고 숨차고 힘들어도 하지 않으면 절대 안 된다는 정확한 지식을 소유한 사람만이 무릉도원 같은 무병장수를 누릴 수 있다는 것이다.

어떤 사람이 TV를 수리한다거나 자동차를 고치려 한다면 먼저 TV나 자동차 구조에 대해서 잘 알아야 하고, 그 구조를 잘 아는 사람이

TV나 자동차를 수리해야 할 것이다. 만약 구조도 모르는 사람이 TV나 자동차를 수리한다면 어떻게 될까? 아마 더 큰 고장을 초래할 것은 예견된 일이다. 그래서 운동이나 건강을 논하기 전에 먼저 운동학적인 차원에서 본 인체의 구조와 순환기 계통의 역할에 대하여 자세하게 알아 두지 않으면 안 된다.

나는 세상의 스타가 되었다

나는 KBS1 방송 아침마당 4번, MBC 오늘아침, SBS 좋은아침, 라디오 두 번째 청춘 등에 출연했다. 그리고 2011년 2월에는 SBS 방송국이 주체하는 전국 동안 대회에서 약 3,000명의 후보자를 물리치고 동안 대상을 받았으며 그 이후에도 다수의 많은 방송에 출연하여 병마와 싸워 이긴 이야기를 한 적이 있다. 그야말로 나는 세상의 스타가 되었다.

여기에 KBS1 방송 아침마당(2015년 9월 23일 생방송)에서 '내 말 좀 들어봐'라는 주제로 했던 이야기를 이 책의 독자들에게 소개한다.

운동은 내 사랑 2015년 9월 23일 KBS1 방송 아침마당

안녕하세요. 저는 74살 된 미스터 코리아에서 1위를 했던 광주 이계남입니다. 저는 1979년 37살 되던 해 원인 모를 병마로 하반신이 저

리고 감각이 둔해지면서 마비가 찾아왔습니다. 아내의 정성어린 간호와 좋다하는 약이며 유명하다는 의사 진 또 한의원을 두루 찾아 해매었으나 2~3년을 지나면서 마비는 더욱 심해져서 지팡이에 의존해도 2~3m를 걷지 못하고 쓰러졌습니다. 설상가상으로 항문마저 열리면 잘 닫혀지질 않아 기저귀를 차고 무엇인가로 계속 누르고 있어야 했습니다. 날이 가고 시간이 흐를수록 점점 희망 없는 저의 몸은 저의 정신 세계마저 연약하게 만들어 날마다 세상을 포기할 생각으로 가득했습니다. 그럴 때마다 사랑하는 아내와 아직 병아리 같이 귀여운 세 자녀를 남겨둔 채 세상을 떠날 생각을 하면 소리 없는 눈물이 앞을 가렸습니다.

그러나 저에게 희망이 찾아왔습니다. 그 무렵 집 근처에 헬스클럽이 새로 오픈하게 된 것입니다. 저는 막내처남 최삼수의 부축을 받으면서 헬스클럽에 등록을 하고 운동을 시작해 보았으나 운동을 조금이라도 하면 하반신의 절음 현상은 더욱 심한 고통으로 이어졌습니다. 도중에 몇 번이나 운동을 포기할까 했지만 끈기를 가지고 지속한 결과 3개월 후에는 제 몸에 미세한 힘이 생겨 있다는 것을 발견했습니다.

그때부터 저는 운동만이 내가 살 수 있는 외길이라 생각하고 열심히 운동을 지속하게 되었으며 1년이 좀 지나면서 지금껏 의지하던 지팡이도 버렸습니다. 4~5년 경과한 1985년과 86년에는 젊은이들의 건강미를 겨루는 미스터 코리아 대회에서 40대 중반의 나이로 1위와 3위를 차지하는 영광도 있었으며 그 무렵 우리 가정에서도 큰 경사가 있었습니다. 네 번째 늦둥이가 태어난 것입니다.

그 이후부터 저는 운동에 대한 더 깊은 애정과 관심을 가지고 이 좋은 헬스 운동을 더 많은 사람들에게 보급하고자 잘 되던 유통 사업을 그만두고 현재 오늘에 이르기까지 30년이 넘는 세월을 헬스클럽을 운영하면서 많은 사람들의 건강과 젊음과 아름다움을 지켜왔습니다. 그리고 2011년 2월 4일 서울 방송이 주관하는 전국 동안대회에서 약 3,000명의 지원자를 따돌리고 동안 대회 대상과 함께 상금과 부상도 듬뿍 받았습니다.

시청자 여러분 운동 없이는 그 어떤 것으로도 건강과 젊음을 지킬 수 없습니다. 단, 운동을 잘 알고 제대로 해야만 한다는 사실입니다. 하루 딱 5분만 지속해도 그 무서운 치매 및 모든 병마의 예방은 물론 젊음과 아름다움을 연장할 수 있는 오직 하나밖에 없는 외길이 바로 운동입니다.

시청자 여러분 저의 꿈은 두 가지가 있습니다. 하나는 보디빌딩 세계 대회 우승을 위해 열심히 훈련하고 있으며, 또 하나의 꿈은 전 국민이 운동을 생활화하게 하여 세계 최고 건강 국가 건설에 반드시 일조하는 사람이 되겠다는 것입니다. 지금까지 저에 이야기를 들어주셔서 대단히 감사드립니다.

그날을 위해 실제 나이 70대 중반인 노장이지만 몸의 나이 40대를 유지하고 있는 나를 증거로 내세우며 열심히 독자 한 사람 한 사람을 설득해 가려 한다. 다 함께 건강하고 행복하게 사는 그날까지 말이다.

건강과 젊음은 알아야
지킬 수 있다

독자 여러분께 편지 한 장 씁니다.

존경하는 여러분! 다리에 기브스석고를 해 보셨을 때 기억하시나요? 기브스를 6개월~1년을 했다 풀어보면 사용하고 있던 다리는 좀 튼튼한데 비교해 기브스를 했던 다리는 형편없이 쇠퇴되어 있는 것을 발견할 수가 있습니다.

이와 같이 우리 몸은 운동을 해 주지 않으면 근육만 쇠퇴되는 것이 아니고 심장과 혈관의 쇠퇴로 이어지며 혈관의 쇠퇴는 곧 오장 육부라고 하는 생산하고 처리하며 대체하는 인체의 고장이라고 하는 기관들의 기능 저하로 이어져 혈색이 죽고 피부의 노화가 오며 혈압이 오르고 당뇨는 물론 저항력마저 떨어지게 된다. 그러면 공기 속이나 흙과 흙 사이 물질과 물질 사이에는 수많은 종류의 인플루엔자influenza및 수

많은 바이러스virus가 존재한다고 합니다. 이들을 우리 인간들은 모두 모아 균이라 칭합니다만 요사이 전문가들은 분해자라 칭하기도 합니다. 이 분해자들은 혈관의 축소로 저항력이 떨어진 우리 몸에 침입하여 작게는 감기 몸살, 크게는 염증, 암 등 우리 몸은 병들고 죽어가게 되며 죽지 않아도 혈관의 축소는 모든 기관의 쇠퇴로 관절뿐만 아니라 뇌세포마저 쇠약 기억력 상실이나 치매癡□ 같은 병마에 시달리게 되는 것입니다. 이 모든 것을 막기 위해 숨이 차고 힘들어도 단 하루도 쉬지 말고 운동은 반드시 하셔야 합니다.

가정에서 할 수 있는 가장 간편하고 효과가 좋은 운동을 소개할게요.

준비물은 달력과 필기구입니다. 장소는 방이나 어디에서도 상관없습니다. 될 수 있으면 몸을 똑바로 세우고 하는 앉아 일어서기 운동입니다. 앉을 때 허벅지와 종아리 각도가 90도 이하 되면 좋습니다. 만약 무릎 관절에 힘이 없어 어려운 분은 의자나 매달린 줄을 잡고 천천히 하시고, 통증이 좀 동반되어도 첫째 날은 10개만 하시고 달력에 10개를 적어 둡니다.

두 번째 날에는 11개를 하시고 그 다음날은 12개, 매일 1개씩 추가하고 반드시 달력에 기록하셔야 하며 될 수 있으면 항상 같은 시간에 하시는 것이 효과가 좋습니다. 약간의 통증이 생겨도 10일 이상 지속하게 되면 10일 이후부터는 통증이 더 심해지지는 않습니다. 이렇게 1년이면 10회 + 365회 = 375회를 할 수 있고 그때쯤에는 무릎 관절이나 고관절 피부 혈색, 하체 힘도 좋아져 모든 건강이 향상되어 있음을 본인 스스로가 잘 알 것입니다.

물론 그 이후로도 생이 끝날 때까지 지속해야 하겠지요. 운동 효과가 제일 좋은 이유를 설명하자면 앉아 일어서기는 예를 들어 우리 몸에 있는 근육이 100개가 있다면 70개 이상 다시 말해 대둔근과 대퇴근을 한꺼번에 사용하기 때문이라 말할 수 있습니다. 손가락에 있는 적은 량의 근육을 아무리 강하게 사용해도 손가락은 튼튼해지겠지만 숨이 가빠지지 않습니다. 이유는 손가락에는 근육 양이 적기 때문입니다.

운동이란 개념은 우리 몸속에 있는 근육 세포를 평상시보다 수축 이완 작용을 강하게 하는 것을 말하며 이때 강력하게 수축 이완 작용을 하게 되면 그 근육 세포에서 평상시보다 많은 영양과 산소가 필요하게 되는 것입니다. 이때 공기 중에 있는 산소를 폐(직경이 약 0.1mm~0.2mm 정도 크기의 폐포肺胞라고 하는 반구형의 주머니인데 인간에게는 약 3억 개 정도의 폐포에서 공기 중에 있는 산소를 채취하고 피 속에 있는 이산화탄소를 버리는 공장)라고 하는 산소 채취공장에서 빨리 산소를 채취하기 위해 숨이 평상시에 비해 몇 배나 빨라집니다. 심장心腸은 폐에서 채취해 놓은 산소를 실어다가 운동하고 있는 하체의 많은 근육 세포에 공급해 주기 위해 몇 배나 빨리 박동을 하게 되는 것입니다.

이때 혈관도 평상시에 비교해 몇 배의 압력을 받아 터질 것 같이 부풀었지만 다행이 운동하는 짧은 순간만 부풀었기 때문에 우리 몸이 쉬고 잠잘 때 우리 몸의 복구력에 의해 좀 더 튼튼히 복구된다. 이러한 과정을 거쳐 근육과 심장과 혈관이 발달하게 되며 운동을 해 주지 않으면 아무리 좋은 약도 현대 의술도 근육, 심장, 혈관의 발달을 가져올 수 없다는 것을 알아야 합니다. 혈관이 발달하면 우리 몸속 오장 육부라는 기관이 우리 인체에 필요한 모든 것들을 생산, 처리, 대체하는 공장이라 할 수 있는 수송로의 발달로 인하여 소화력, 혈색, 피부, 저항력, 정력, 뼈 할 것 없이 우리 몸의 모든 것이 금년보다 내년에 더 좋아질 수 있다는 것입니다.

예를 들어 시골에서 자유롭게 자라는 닭과 양계장의 닭을 비교해 보면 뼈, 근육, 심장 할 것 없이 모든 건강의 상태가 양계장에서 기르는 닭에 비교해 월등하다는 것을 잘 알 것입니다. 단, 운동이 아무리 좋다 해도 하루에 두 번 행하는 것은 절대 삼가하셔야 합니다. 많은 사람들이 운동이 좋다는 말만 믿고 시간이 허락하는 대로 아침, 낮, 밤을 가리지 않고 하는것은 아주 잘못된 운동 방법이 되겠습니다. 그 이유는 운동을 할 때 근육과 심장, 혈관이 상당한 무리를 당했으나 쉬고 잠잘 때 복구되면서 더욱 튼튼해지는데, 아직 복구가 덜 되었을 때 또 무리를 하면 몸속에 젖산이라는 피로 물질이 쌓이면서 면역 체계를 떨어뜨려 적게는 감기 몸살이나 좀 더 심하면 염증, 암 등 몸을 해치는 요인이 발생하는 것입니다. 이 점을 잘 알아야 합니다.

지뢰밭보다 수십 배 무서운 체지방

마이애미 회원님께 쓴 편지

사랑하는 마이애미 회원님 받아 보세요!

내가 이 세상에 존재하는 한 님을 사랑할 것이며 님의 건강에 조금이라도 도움을 드리려고 이 글을 씁니다.

나는 많은 사람들에게 매일 다니는 길목에 '지뢰밭'이라 써 있다면 지뢰밭을 아는 사람은 절대로 들어가지 않겠지만, 모르는 사람은 들어가 죽든지 심한 부상을 당해 장애인이 될 수 있다는 것을 항상 강조해 왔습니다.

우리 몸의 체지방도 지뢰밭보다 몇 십 배 더 위험하기에 회원님을 위해 또 모든 국민을 위해 말하지 않을 수 없습니다. 실제 전 세계적으로 1년에 지뢰로 인하여 죽어가는 사람은 수백 명에 불과하지만 체지방으로 인하여 죽어간 사람들은 수를 헤아릴 수 없을 만큼 많다는 것입니다. 그리고 지금 모든 병원 중환자실에서 사경에 처한 75% 이상의 환자가 운동을 제대로 하지 않아 체지방이라고 하는 지뢰밭으로 들어간 원인 때문에 몸속 혈관이 좁아지며 빠른 노화가 진행됩니다. 뇌세포의 기능마저 상실되어 치매와 수족에 마비가 오며 저항력도 떨어져 바이러스들의 공격을 받아 염증 및 암과 같은 만병의 근원이 바로 체지방과 운동을 하지 않아 축소된 혈관 때문에 현재 중환자실에서 사경을 해매고 있는 것입니다.

지금 현재 건강해 보이는 많은 사람들도 이렇게 지뢰밭보다 위험하고 무서운 체지방에 대해 자세한 것을 모르고 있습니다. 몸에 체지방이 많은데도 그저 잘 먹어야 또는 좋은 것을 많이 먹어야 건강할 수 있다는 잘못된 고정관념으로 체지방은 더 쌓여만 가고 혈관들이 협소해져 빠른 노화와 중병에서 벗어나기 어렵다는 말씀을 드리고자 합니다.

이번엔 건강을 가장 크게 위협하는 체지방에 대해 몇 말씀 드릴까 합니다.

손자병법에 적을 잘 알고 나를 알면 백번 싸워 백번을 다 이긴단 말이 있듯이 체지방과 싸우려면 체지방에 대해 훤하게 알면 체지방 또한 주인 말을 잘 듣습니다.

이 사회에서도 주인이 하는 일에 대해 잘 알면 종업원들이 주인 말을 잘 듣습니다만 주인이 모르면 잘 듣지 않아 망하고 마는 것입니다. 우리 인체에서 필요한 영양분을 크게 나눠 3가지로 구분할 수 있다 했습니다. 그 하나는 신체를 구성하는 구성분 영양이고, 또 하나는 우리 인체 모든 세포에서 연료로 사용하는 연소성 영양과, 나머지 하나는 신진 대사를 조절해 주는 조절성분의 영양입니다.

그러나 많은 사람들이 꼭 알아야 할 점은 영양분의 종류가 아니라 체지방입니다. 좀 더 명료하게 안다면 체지방에 대해 전혀 걱정할 필요가 없으며 오히려 잘 이용하면 낭비를 줄여 살림에 큰 보탬이 된다고 자신 있게 말할 수 있습니다.

세상의 위치를 보면 잘 아는 자가 리더(Leader)를 하지요. 예를 들어 여행을 갈 때도 무슨 일을 할 때도 아는 자의 말을 듣지 않을 자 거의 없지요. 가자면 가고 돌자면 돌고 하자면 하는 것 말입니다. 이렇게 아는 자의 힘이란 대단한 것이어서 체지방이란 놈도 주인이 잘 알면 오라고 하면 오고 가라고 하면 가고 있으라 하면 있는 것이 확실합니다.

그런데 지금까지 모든 학자들이 지방조직을 과학적으로 분석을 해보니 결국 포화 지방산과 불포화 지방산 그리고 몇 가지 타 종류의 영양분으로 구분해 놓고 포화 지방산이 어떻고 불포화 지방산이 어떻고 하면서 결국 체지방이 어떻다는 무수한 학설만 남겼다고 할 수 있습니다.

그런데 필자가 체지방에 대해 몇 십년간 실제로 체험 연구하면서 체지방을 알다보니 이제는 너무 잘 알아서 체지방이 내 말이라면 충성스러운 신하처럼 말을 잘 듣기에 이르렀습니다. 체지방이 어떤 놈인가를 먼저 여러분과 함께 알 수 있도록 설명을 하여 여러분의 말도 잘 듣는다면 모든 이의 건강은 물론 국가적으로나 사회적으로 큰 도움이 되리라 생각합니다.

저는 가끔 방송국으로부터 건강 프로에 출연 요청 전화를 받는 경우가 있습니다. 필자는 제일 먼저 출연할 날짜가 언제인가를 묻고 최소한 2~3주일 이상 날짜가 있으면 허락을 할 수 있지만 날짜가 부족하면 출연 승낙을 할 수 없게 됩니다. 이유인 즉 필자의 평상시 체중이 80kg 가까이 유지를 하고 있는데 최소한 7kg~10kg 이상 감량을 하고 출연에 응해야 하기 때문이지요. 왜냐고요? 보디빌딩 운동의 특성상 잘 발달된 근육질을 시청자에게 보여 드리려면 근육을 둘러싸고 있는 몸 전체 피부가 얇아져야 데피네이션이 좋아지거든요. 잘 아시겠지만 데피네이션이란 근육의 윤곽이 잘 나타나는 것을 말합니다. 그래서 평균 20일 정도면 체지방을 10kg 이상 2주 정도면 7kg 이상 감량은 아주 쉽게 할 수 있으며 이러한 체중 감량은 1년에 평균 5~6번은 반복된답니다.

그러면 간단명료하게 체지방에 대해 말씀드릴게요. 체지방이란 지방을 먹어서 생기는 것이 아니고 매일 먹는 음식물 속에 들어있는 에너지(energy)가 체내로 들어오면 우리 몸은 이 에너지를 이용하여 살아가면서 따뜻한 열을 발산합니다. 또 운동을 하면서 사용하고 남은 에너지는 체내로 들어오는 에너지가 없을 때나 적을 때 사용하기 위해 비축하게 되는데 이 비축해 놓은 에너지를 우리는 체지방이라고 합니다.

그러나 부모님으로부터 좋은 소화기 계통을 유전받아 소화력이 좋고 과다한 영양이 체내로 흡수되면 비축된 에너지를 사용도 하기 전에 또 쌓이게 되고 이런 과정을 통해 체지방은 자꾸만 많아지는 것입니다.

여기서 여러분이 꼭 알아야 할 점은 단백질을 섭취해도 탄수화물을 또 무기질, 비타민, 칼슘을 섭취해도 우리 몸이 사용하고 남은 에너지는 전부 체지방이 됩니다. 또 이러한 영양소들이 체내로 들어오지 않아도 축적된 지방이 있을 때는 간장肝臟의 기능만 좋다면 운동을 하여 체내에서 단백질이 필요할 경우 간장에서 생산된 나이포프로테인이란 호르몬이 지방을 단백질로 바꿔 주기도 합니다. 뼈에서 칼슘이나 무기질이 필요할 경우도 또 우리 몸 모든 곳에서 필요한 물질들을 지방을 이용하여 전부 대체하는 것입니다. 그래서 간장을 영양소 대체 공장이라 하며 시골 닭이 칼슘제를 혹은 단백질을 섭취해서 강한 뼈와 강한 근육이 형성되는 것은 절대로 아니라는 것을 꼭 알아야 합니다. 그것은 강한 활동 즉 운동을 하게 되면 근육, 심장, 혈관의 발달로 모든 기능이 좋아지고 항체마저 강건해져 긴 인생이 이어지는 것입니다. 그러나 축적된 지방 양이 많아지면 운동을 지속하고 있어도 심장이나 혈관이 축소되며 아무리 좋은 음식을 먹어도 빨리 늙고 만병의 근원이 됩니다.

끝으로 본인이 보디빌딩 시합이나 방송 출연을 위해 단시일에 체지방을 줄이는데 필요한 다이어트 음식 즉 물김치 만드는 방법을 소개할까 합니다.

재료는 당근, 오이, 배추, 무, 비트, 사과, 배, 적색양배추, 피망, 양파 등 먹기 좋은 크기로 잘라 소량의 소금과 설탕으로 간한 다음 배가 부르도록 먹습니다. 그러면서 나의 보약은 이거야 하면 빠른 시일에 목적 달성의 성공을 가져오며 그 이후엔 맛있는 것도 먹고 또 다이어트도 하면서 본인 몸을 원하는 대로 컨트롤control하는 것입니다.

우리 몸에 축적된 체지방은 마치 수원지에 물을 비축해 놓은 것과 같아서 한 쪽에서 물을 빼 써도 전체가 줄어든 것처럼 뱃살을 줄이면 얼굴이 제일 먼저 작아져 더욱 더 아름다워짐은 물론이도 건강해진다는 것을 꼬~옥 잊지 마시고 실천에 옮겨보세요. 내일도 환한 모습 보여 주시길 바라오며 시간이 허락하면 운동학적 차원에서 본 인체의 구조에 대해 말씀 드리겠습니다.

마이애미 회원님 꼭 운동을 생활화하시고 체지방 관리를 잘 하셔야 합니다.

2003년 6월 이계남 드림

가정에서 효과 만점 운동과 준비물

누구나 아는 이야기지만 다리에 기브스(석고)를 몇 개월 했다 풀어 보면 사용하고 있었던 다리는 좀 튼튼한데 비교해 석고를 했던 다리는 형편없이 쇠퇴되어 있는 것을 발견할 수가 있을 것이다.

위와 같이 우리 몸은 규칙적으로 운동을 해 주지 않으면 근육만 축소되는 것이 아니고 심장이나 혈관의 축소로 이어진다. 심장과 혈관의 축소는 우리 가슴과 뱃속에 들어 있는 인체에서 필요한 모든 것들을 생산, 처리, 대체하는 오장 육부라고 하는 공장들의 도로가 되는 혈관들의 축소로 이어져 혈색이 죽고 피부에 노화가 온다. 그러면 오장 육부라고 하는 인체의 공장 기능들이 떨어져 혈압이 오르고 당뇨가 생기며 남자의 경우 정력이 떨어지고 여성의 경우 생리가 없어지며 나아가 저항력이 떨어지게 된다. 공기 속에나 흙과 흙 사이 물질과 물질 사이에는 아직 인간들이 이름도 짓지 않은 수많은 세균과 바이러스들이 존재한다고 한다.

이들을 우리 인간들은 모두 모두 합하여 세균이라 칭하는데 요사이 전문가들은 분해자分解者라 칭하기도 한다. 이들 분해자들은 이 지구상에서 맡은 일이 끝나버린 낙엽이나 생명이 다한 나무토막 또는 아직 생명은 있지만 너무 나약하여 제가 맡은 일을 제대로 수행할 수 없는 식물이나 동물에 침투하여 식물이나 동물들이 먹을 수 있도록 되돌려 주는 일을 맡아서 하고 있다는 것이다.

예를 들어 큰 나무 밑에 많은 씨앗이 떨어져 함께 싹이 나와 자라면 처음엔 괜찮아 보이지만 좀 더 자라게 되면 협소하여 나약해지고 나약해진 식물들은 바이러스의 공격에서 벗어날 수가 없으며 죽어갈 것이다.

육식 동물들도 마찬가지로 빠른 속도로 쫓아가 한 마리를 잡아먹는 대신에 나머지 수만 마리에게 운동을 시켜서 그들의 심장과 혈관을 발달하게 하고 건강하게 하여 그들의 생명을 몇 배로 연장해 주는 역할을 담당하고 있는 것이다. 만약 약육강식의 법칙에 따라 육식의 강한 동물들이 존재하지 않으면 초식 동물들은 도망갈 필요가 없어지며 운동을 전혀 하지 않아 연약해진다. 그 결과로 세균 및 바이러스들은 연약해진 동물에 침입하여 이렇게 약한 게 이 지구상에 살아있으면 안 돼 하고 동물들에게 침투 번식을 하면서 염증과 암을 유발시켜 우리들은 죽음을 맞이하게 되는 것이다. 만약 운이 좋아 바이러스들의 공격에서 벗어났다 해도 심장과 혈관의 쇠퇴는 오장 육부의 기능 쇠퇴로 이어져 관절 및 시력 할 것 없이 늙고 병들어 죽어갈 것이다. 우리 육체는 내가 왔던 곳으로 되돌아가게 되는데 우리가 식물을 먹고 동물들을 먹고 이 육체를 유지하고 있다가 죽으면 던져도 묻어도 다시 동물이나 식물의 영양이 되어 되돌아가는 것이다.

심장이나 혈관의 발달은 현대 의술이나 의약으로는 전혀 발달시킬 수 없으며 과다하게 축적된 체지방을 막고 오직 체계적인 운동에 의해서만 발달시킬 수밖에 없다는 사실이다. 그래서 운동이란 인간들이 영리해서 행하는 것이 아니고 조물주창조주께서 삶 속에 생이 끝나는 날까지 운동을 하면서 살도록 육식 동물과 초식 동물들을 창조하셨으며 우리 인간이 생이 끝날 때까지 운동을 지속하지 않는 것은 위대한 조물주님의 명을 거역하는 것이다.

운동이란 우리 몸속 여러 종류의 세포 중 근육 세포를 사용하여 수축 이완 작용을 평상시보다 강하게 하는 것을 운동이라고 한다. 근육 세포들은 여러 세포가 이어져 실 발처럼 섬근육으로 구성되어 있고 이 수 만개의 섬유 근들이 모여 큰 근육군들을 이룬다. 이 근육군들의 양쪽 끝은 서로 다른 뼈에 직접 붙거나 힘살로 변하여 뼈에 붙어(이것을 인대라고 함) 뇌 운동신경계의 명령에 의하여 수축과 이완의 작용을 운동이라고 한다.

운동의 초보자나 노약자들은 운동이 좋다 해서 함부로 행하면 오히려 건강을 크게 손상시킬 수 있기 때문에 초보자나 가정주부 및 노약자를 위한 가정에서 할 수 있는 가장 간편하면서도 효과가 좋은 운동을 소개 한다면 앉아 일어서기다.

앉아 일어서기의 운동 효과는 대단히 커서 어떤 운동보다도 중요하지 않을 수 없다. 이유인즉 앉아 일어서기의 운동은 우리 인체에서 가장 근육세포가 많이 모여 있는 대둔근(엉덩이근육)과 대퇴근(허벅지 다리근육)을 비롯하여 비장근, 척추기립근, 복직근 등 우리 몸 전체에 있는 근육의 70% 이상을 한꺼번에 사용하는 운동으로서 가장 간편하면서도 운동효과는 가장 커서 심장과 혈관을 극도로 발달시킬 수 있는 기초 체력향상을 위해 반드시 해야 할 운동이다.

운동이라고 하는 원리가 우리 몸 근육 세포들을 수축과 이완 작용을 하는 행위로서 손가락에 있는 근육을 마무리 강하게 사용을 해도 손가락 자체는 튼튼하게 되지만 숨이 가빠지지 않는다. 이유인즉 손가락에는 근육 양이 소량이기 때문이다.

그래서 앞에서 여러 차례 설명했지만 순환기 계통(심장, 혈관, 폐)의 기능과 발달을 위하여 많은 근육군들이 모여 있는 앉아 일어서기 운동이 가장 하기 쉽고 효과는 만점이라는 것이다. 이렇게 하기 쉬운 운동도 자칫 잘못하면 오히려 무리가 생겨 관절 및 건강을 해치는 수가 있으니 전문가의 말을 잘 듣고 오늘부터 실행에 착수해야 할 것이다.

운동시작

첫째, 준비물은 달력과 필기구

둘째, 운동의 준비 자세는 상체를 반듯이 세우고 발은 열중 쉬어 하는 정도 벌린 다음 앉아 일어서기를 반복하는 운동이며 앉을 때 발꿈치와 대퇴근 사이의 각도는 90도 이하가 가장 좋으며 90도 이상이 되면 운동효과가 좀 떨어진다.

첫 번째 날은 앉아 일어서기를 10회를 반복한 다음 좀 쉬었다 가쁘던 숨이 평상시 호흡이 되면 다시 10회를 반복하고 달력의 날자 밑에 10-2라고 반드시 적어 기록으로 남긴다. 그리고 팔 운동이나 가벼운 스트레칭stretching 운동은 질서 있게만 한다면 좋지만 앉아 일어서기 운동은 절대 다시 하지 않아야 된다. 왜냐 하면 우리 몸이 운동을 하게 되면 근육이 심장이 혈관이 많은 무리를 당하게 되지만 우리 몸이 쉬고 잠 잘 때 우리 몸의 복구능력에 의해서 발달하게 된다. 그런데 아직 운동을 했던 부위 및 심장과 혈관의 복구가 되지 않았는데 또 다시 운동을 하여 무리가 겹치면 우리 몸 체내에 젖산을 비롯하여 많은 피로 물질들이 쌓이면서 작게는 감기 몸살 크게는 염증 및 암 바이러스의 공격도 받을 수 있다.

두 번째 날은 앉아 일어서기를 11회를 반복하고 좀 쉬었다 가쁘던 숨이 평상시 호흡이 되면 다시 11회를 반복하고 달력 날자 밑에 반드시 11-2라는 기록을 잊으면 안 된다. 이 기록하는 습관은 운동 하는 것 못지않게 중요하다.

세 번째 날에도 똑같은 자세로 12회를 반복하고 좀 쉬었다 숨이 평상시 호흡이 되면 12회를 반복하고 달력 날자 밑에 12-2라고 반드시 기록 한다. 이렇게 매일 한 번 반복할 때 1회씩을 추가해 주면서 10일 정도 하고나면 운동하는 동안은 숨이 차고 힘들었어도 처음 시작할 때에 비하여 좀 더 부드러워졌다는 것을 느낄 수 있으며 미세한 힘도 생겨 있다는 것을 발견할 수가 있을 것이다. 이렇게 매일 할 때마다 1회씩을 추가하면서 1년 정도 지나면 5년 전보다 훨씬 건강해져 있고 피부나 혈색이 살아나 있으며 무병장수할 것이다.

여기서 70세가 훨씬 넘은 아주 약한 노약자나 무릎 관절 환자는 첫날 3회 정도 앉아 일어서기를 반복하고 좀 쉬었다 다시 3회를 반복하고나서 달력 날자 밑에 3-2라고 기록을 한다. 이렇게 7일 정도 3-2를 기록하고 나서 8일째부터는 운동할 때마다 1회씩을 날마다 추가하면서 4-2라 기록하고 반드시 기록을 게을리 해서는 안 된다. 이때 관절염 환자나 노약자는 상당한 통증과 힘이 들어 주저앉아 버리거나 무릎 각도가 90도 이상이 되면 운동의 효과가 떨어지므로 주위에 있는 의자를 잡고 앉아 일어서기를 하거나 머리 위에 끈을 매달아 잡고 운동을 하면 좋다. 팔의 힘으로 운동을 하면 운동의 효과가 아주 미미하므로 다리의 힘으로만 앉아 일어서기를 하되 잡은 손은 균형만 잡아 주어야 한다.

여기서 건강을 위해 반드시 알아두어야 할 것은 배꼽 밑에 체지방 두께가 3cm가 넘으면 상당한 비만이며 이 비만은 혈관의 축소의 원인이 되어 신진대사 조절 성분들이 원활하게 대체되지 않아 관절염도 생기는 것이다. 운동을 지속하면서 체지방도 줄여 주면 다시 관절이 좋아지는 것은 물론 건강과 젊음도 연장되는 것이 확실하다는 것을 본인 스스로 알아야 한다.

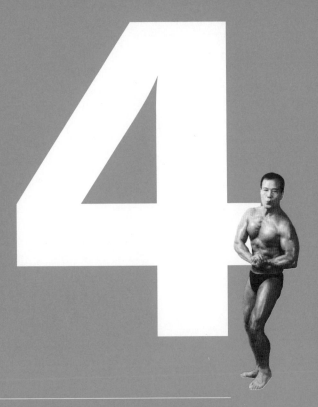

4

단 하나밖에 없는 장생의 외길

인체의 구조와 순환기 계통

  우리 인간 한 사람을 언뜻 보았을 때 하나로 보이지만 자세히 보면 하나가 아니고 약 75조 억 개의 세포라는 생명체들이 모여서 인간 하나를 구성하고 있다고 볼 수 있으며 그래서 우리 인간 한 사람을 보고 조그만 천체라고 부르기도 한다. 우리가 살고 있는 지구도 언뜻 보았을 때는 하나인데 자세히 보면 그 속에는 수만 종류의 식물과 동물이 있지 않은가? 하나의 생물에도 수십억 개로 구성되어 있고, 꽃 하나를 살펴봐도 수십만 개의 꽃가루가 있으며 이들은 전부 살아있다. 이 식물이나 동물 지구상의 모든 것들은 지구를 위하여 모두 자기가 맡은 일들을 하면서 살아있는 지구 하나를 형성하고 있으며 모든 존재들은 살아있는 지구의 세포중 하나라고 볼 수 있다.

  식물들은 동물들의 먹이를 생산하면서 동물들에게 없어서는 안 될 산소를 생산한다. 동물은 식물의 먹이를 생산하고 또 식물들이 산소를 생산할 때 없어서는 안 될 이산화탄소를 만든다. 또 모든 세균 및 바이러스 균사체들은 지구상에서 맡은 일이 다 끝나버린 낙엽이나 나무토막 또 살아는 있지만 허약하여 제가 맡은 일을 제대로 수행할 수 없는 식물이나 동물들에 침투 분해시켜 다시 식물이나 동물, 무생물에게 되돌려 주는 역할을 담당하고 있다는 것이다. 그래서 우리 인간이 죽음을 당하는 것 식물이 죽어가는 것 나무토막이나 나뭇잎이 썩어가는 것은 다시 식물이나 동물들에게 되돌아가는 과정이며 결국 살아있는 지구를 위해서 분해자가 맡은 일을 하는 과정이다.

이렇게 모든 생명체 및 무생물체들이 자기가 맡은 일을 하면서 살아 있는 지구 하나를 구성하고 있는 것처럼 우리 인간도 수만 종류의 세포들로 구성되어 있다. 모든 세포들을 명령하며 관장하는 뇌 세포가 있는가 하면, 오장 육부 세포들 눈, 혀, 손, 발, 뼈세포 할 것 없이 수만 종류의 약 75조억 개의 세포들이 개별적으로 살아가면서 인간 한 사람을 구성하고 있다.

예를 들어 눈은 수십억 개의 세포들로 구성되어 그 세포 하나하나가 인간 속에서 개별적으로 살아가면서 눈이 하는 일 즉, 형상을 받아들이는 일을 공동으로 하고 수십억 개의 심장 근육 세포 역시 하나하나가 개별적으로 살아가면서 심장이 하는 일, 즉 우리 몸 모든 세포에 영양과 산소를 공급하는 일을 공동으로 하고 있다. 또, 간세포들은 간이 하는 일, 즉 영양을 대체하는 일을 하고, 다리에 있는 수십억 개의 근육, 피부, 혈관, 뼈세포들은 세포 하나하나가 개별적으로 살아가면서 다리가 하는 일 뛰고 달리고 힘쓰는 일을 공동으로 하면서 인간 한 사람을 구성하고 있다는 것이다.

이 모든 세포들은 살아 있기 때문에 전부 입이 있고 배가 있고 배설하는 항문도 있다고 볼 수 있으며 이 세포들은 살아있기 때문에 반드시 무엇인가 먹어야 하고 소화시켜야 하고 똥으로 배설해야 하는 것이다. 그것이 바로 영양과 신선한 산소가 들어 있는 새빨간 피가 되며 모든 세포들의 입으로 들어갈 때는 새빨간 피가 들어가겠지만 세포 속에 들어가 36.5도의 따뜻한 열과 힘을 내고 즉, 산화작용을 하고 산화작용이 끝나면 새빨갛던 피는 검붉은 색으로 변하여 세포의 항문을 빠져나와 정맥의 라인으로 들어가게 된다. 그리고 또 새빨간 피가 세포 속으로 들어가 산화작용을 하고 빠져 나가고 또 다시 반복하게 되며 우리 인간은 하루 세끼의 식사를 하지만 세포들은 하루 수만 번의 밥을 먹는다고 볼 수 있다.

지금 여러분의 손등에 있는 파란 혈관들은 손에 있는 모든 세포들이 사용해 버린 산화작용이 끝난 피가 모아져서 심장으로 올라가는 정맥 혈관들이 얇은 피부에 비치는 것이다. 우리 인간의 심장이 가슴 중앙 좌측에 있기 때문에 가슴 중앙 가까이 가면 오장 육부에서 써버린 피가 모아지고 뇌세포를 비롯하여 하체에서 써버린 피가 모아져서 대정맥을 이루게 된다.

이 대정맥의 피는 심장의 우심방으로 들어가며 이때 수축되어 있던 우심방이 팽창하게 되며 다시 우심방이 수축하면 우심방에 들어왔

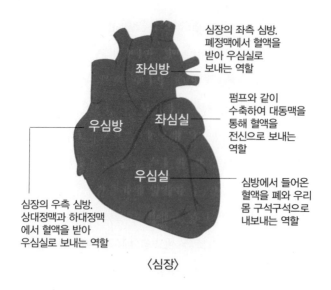

심장의 좌측 심방. 폐정맥에서 혈액을 받아 우심실로 보내는 역할

좌심방

펌프와 같이 수축하여 대동맥을 통해 혈액을 전신으로 보내는 역할

좌심실

우심방

우심실

심방에서 들어온 혈액을 폐와 우리 몸 구석구석으로 내보내는 역할

심장의 우측 심방. 상대정맥과 하대정맥에서 혈액을 받아 우심실로 보내는 역할

〈심장〉

던 피는 우심실로 넘어가고 우심실이 수축하면 우심실에 들어있던 피는 우심실을 떠나 심장의 밖으로 나가게 된다. 심장을 나온 피는 좌심방, 좌심실로 가기 전에 폐라고 하는 산소 채취 공장으로 들어가 약 3억 개의 선으로 나누어져 각기 폐포에 가서 이산화탄소를 버리고 산소를 실으면 검붉었던 피는 다시 새빨간 선혈로 변하여 우심실에서 밀어주는 압력과 좌심방에서 빨아당기는 흡인력에 의하여 3억 개의 새빨간 선이 모아져서 대동맥 혈이 만들어지게 되는 것이다.

이 새빨간 피는 좌심방이 팽창하면 좌심방으로 들어가고 좌심방이 수축하면 좌심실로 넘어간다. 좌심실이 수축하면 이제 심장을 떠나 뇌로 가는 혈관, 팔로 가는 혈관, 오장 육부로 하체로 심장이 밀어주는 압축력에 의하여 우리 몸 모든 세포에 영양과 산소를 공급한다. 세포가 산화작용을 하여 써버린 피는 다시 모여 우심방과 우심실을 거쳐 폐로, 폐에서 산소를 실은 피는 좌심방과 좌심실을 거쳐 우리 몸 모든 세포에 영양과 산소를 공급하는 것이다.

이것을 우리는 순환기 계통이라고 하며 순환기 계통하면 심장, 폐, 혈관을 말하는 것이다. 지금까지 순환기 계통에 대하여 간단명료하게 이야기를 했지만 순환기 계통을 잘 알지 못하고는 운동의 개념에 대하여 논하기가 좀 곤란하다는 것이다.

다시 말해 숫자를 배우지 않으면 수학을 먼저 논할 수 없는 것처럼 순환기 계통에 대해 자세히 알지 않으면 운동에 대한 깊은 이해가 어려우며 이 순환기 계통 중 하나라도 이상이 생기면 바로 죽음이나 큰 위험이 오게 되는 것이다. 만약 심장에 이상이 생겨 펌프의 역할이 잘 안된다면 모든 세포에게 산소와 영양 공급이 되지 않아 모든 세포들은 자기가 맡은 일을 중단하고 마는 것이 바로 우리가 말하는 죽음이 되는 것이다. 또 혈관이 터지거나 막혀도 바로 그 혈관으로부터 영양과 산소를 공급받고 있던 모든 세포들은 자기가 맡은 일을 중단하며 운동을 하지 않아 혈관들이 쇠퇴되어 좁혀졌다면 좁혀진 만큼 우리 몸 모든 세포들은 자기가 맡은 기능이 떨어지며 세포들의 굶주림에 저항력마저 약화되어 병들어 죽어가는 것이다.

또 순환기 계통 중 하나인 폐에 있는 폐포(폐꽈리)[4]에 담배 속에 들

---

4) 폐포: 직경이 0.1∼0.2mm 크기의 반구형의 주머니로 약 3억 개 정도 된다고 하며, 공기 중의 산소를 채취하고 이산화탄소를 버리는 기체교환이 일어나는 곳.

어있던 니코틴이 가득차서 산소 채취 능력이 떨어지면 모든 세포들은 산소 부족 현상에 의하여 오장 육부의 기능 축소는 물론 저항력이 약화되면서 우리 몸을 분해하는 분해자(세균 및 바이러스)가 우리 몸에 침입해 병들고 죽어가는 것이다. 담배뿐만 아니라 농촌의 농약이나 오염된 공기 또 오염된 물질에 의하여 폐포가 손상되어 간다면 대단히 위험한 일이며 우리 몸 모든 세포들이 산소 결핍 즉 굶주림에 저항력이 떨어져 인간이 병들고 죽어가는 것도 마찬가지가 되겠다.

운동의 개념

　운동이라 하는 것은 우리 몸속에 있는 여러 종류의 세포들 중에서 근육세포를 이용 수축과 이완 작용을 평상시보다 좀 더 강하게 하는 것을 말하는 것이다. 그렇다면 근육세포는 어떻게 구성되어 있으며 어떤 일을 할까?

　자세히 보면 근육 세포들은 대부분 섬유질 근으로 형성되어 있으며 실 발처럼 이루어진 근육의 양쪽 끝은 서로 다른 뼈에 직접 붙거나 힘줄로 변하여 뼈에 붙어 이 근육세포의 수축 이완 작용에 의하여 운동의 개념이 형성되는 것이다. 우리 몸의 근육 세포들은 운동을 하지 않고 즉 근육의 수축 이완 작용을 하지 않고 가만히 있을 때도 앞에서 서술한 바와 같이 영양과 산소를 실은 피가 필요하게 되어 있다. 그런데 우리 몸의 큰 근육들을 강하게 사용하는 운동을 하게 되면 이 근육세포에서 평상시에 비하여 몇 배나 더 많은 영양과 산소를 실은 피가 필요하게 되어 있다. 그러면 공기 중의 산소를 빨리 채취하기 위해 자율 신경에 의해 호흡이 몇 배나 빨라지며 호흡만 빨라지는 것이 아니라 호흡이 빨라진 만큼 심장도 몇 배나 빨리 박동하게 된다.

그러면 폐에서 산소를 실어 좌심방, 좌심실을 거쳐 우리 몸의 모든 세포에 영양과 산소를 공급하고 사용해 버린 피는 다시 모아 우심방, 우심실을 거쳐 폐로, 폐에서 산소를 실은 피는 좌심방, 좌심실을 거쳐 우리 몸 전체에 영양과 산소를 공급하던 일을 평상시에 비하여 몇 배나 더 빨리 진행하게 되는 것이다. 그것은 지금 심하게 운동한 근육 세

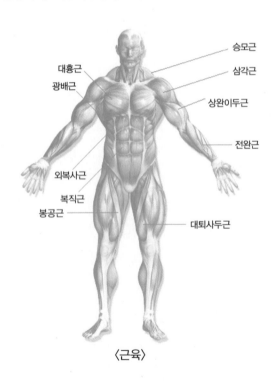

승모근
삼각근
대흉근
광배근
상완이두근
전완근
외복사근
복직근
봉공근
대퇴사두근

〈근육〉

포에 많은 영양과 산소를 실은 피를 몇 배나 더 빨리 공급해 주기 위해서이다.

이때 운동한 근육에 몇 배나 더 많은 산소를 실은 피가 도착하는 것은 물론이지만 운동했던 근육 덕분으로 우리 인간에게 가장 중요한 오장 육부라는 공장에도 몇 배나 더 많은 산소를 실은 피가 도착하게 되어 있으며 그렇게 되면 바로 그때부터 모든 세포 하나하나가 더 튼튼해지며 우리 인간의 공장인 오장 육부의 기능들이 더 좋아지게 되어 있다.

예를 들어 소화가 잘 되어 배도 빨리 고프고 얼굴에 있는 피부세포들도 영양과 산소배급을 많이 받아 활발해지며 빛깔도 더 빨개지고 이런 과정을 매일 반복하면 오장 육부 기능이 더 좋아지며 오장 육부 기능이 더 좋아지면 우리 몸을 지켜주는 저항력이 크게 강화되어 어떠한 분해자도 우리 몸에 들어올 수가 없게 된다.

운동은 인간들이 영리해서 이처럼 하는 것이 아니고 조물주나 창조주께서 삶 속에 생이 끝나는 날까지 반드시 지속하도록 육식 동물과 초식동물을 창조하셨던 것이다.

그래서 운동은 조물주의 명령이라 할 수 있으며 즉 육식동물들은 잡아먹기 위하여 최선을 다해 쫓아가야 하는데 어제 사냥 하던 중 부상으로 혹은 늙어서 쫓아가 잡지 못하면 굶어 죽게 되고 초식동물들은 살기 위하여 안전한 곳까지 도망가야 하는데 늙어서 또는 너무 비만하여 그렇지 않으면 병들어 도망가지 않으면 바로 죽음이 오도록 생존의 법칙 속에 생이 끝나는 날까지 운동이 들어있었던 것이다.

다시 한 번 이야기 한다면 초원에 사는 얼룩말이나 사슴, 토끼 등 풀만 먹고 사는 초식 동물들은 종류가 서로 다른 초식 동물들끼리 거의 싸우지 않는다. 같은 종류의 수놈들끼리는 왕위 다툼은 있지만 초식동물들은 크고 작음에 관계없이 아주 평화롭게 지낸다. 그러나 그곳에 평화를 깨는 잔악한 포식자들이 살고 있으니 즉 사자나 호랑이 같은 육식 동물들이며 이 육식 동물들은 초식동물들이 있을 때나 지나갈 때 숨어서 어떤 놈이 약한지 어떤 놈이 병들어 있는지 어떤 놈이 운동을 제대로 못하는지를 자세히 관찰한다. 그 다음 확실한 목표가 정해지면 온갖 힘을 다해 쫓아가서 한 마리를 잡아먹는 대신에 수만 마리의 초식 동물들에게 운동을 넣어주어 그들의 근육을 발달하게 하고 그들의 심장과 혈관을 발달하게 하여 오장 육부 기능을 좋게 한다. 뿐만 아니라 나약해지면 침투하는 모든 세균 및 바이러스로부터 그들의 몸을 지켜주는 저항력을 강하게 하여 그들의 생명을 몇 배로 연장해 주고 한 마리를 잡아먹는 아주 훌륭한 역할을 담당하고 있다.

이와 같이 우리 인간도 잡아먹기 위하여 쫓아가고 나무 열매나 뿌리, 연한 풀잎을 먹다가도 강력한 포식자가 쫓아오면 안전한 곳으로 도망가는 즉, 삶속에 운동이 생명이 다 될 때까지 들어 있었던 것이다. 그러나 인간이 영리하여 문화를 발달시키고 쫓고 쫓기는 운동의 개념이 사라지게 되면서 발달되어 있어야 할 심장과 혈관들이 제대로 발달해 보지도 못한 채 130년 이상 멋지게 사용해야 할 오장 육부 기능들이 백년도 제대로 사용해 보지 못한 채 쇠퇴되어 늙고 병들어 죽어갔다는 것이다.

이제부터라도 이 사실을 알고 있는 여러분은 하루에 한 번은 반드시 운동의 개념 속에서 살아간다면 남은 생명이 배 이상 연장될 수 있으며 심장이나 혈관의 발달은 현대의술이나 의약 또 이 세상에서 그 어떤 것으로도 발달시킬 수 없다는 것을 알아야 할 것이다.

지금까지 많은 과학자들이나 지식인들이 어떻게 인간의 수명을 연장할 수 없을까 하고 많은 연구와 노력에 좋은 약이 개발되고 덕분에 인간의 평균 수명은 연장되었다. 하지만 아직도 많은 해야 할 일을 남겨둔 채 병마에 시달리다 떠나가는 인사±들을 볼 때마다 너무 안타깝다. 그리고 당신의 죽음은 당신의 가정은 물론 사회적으로나 국가적으로 너무나 큰 손실이 크기에 지금 이 글을 당신에게 드리는 바이다. 반복하여 읽고 실천에 옮기면 남은 인생이 몇 배로 연장될 수 있다는 것을 스스로 알게 될 것이다.

미국에서 최첨단 의술을 연구하고 있는 과학자들이 현대의학은 숫자놀음이라고 발표한지도 오래되었다. 아무리 좋은 약이라도 그 약을 사용한 만큼 신체의 다른 부위는 나빠질 수 있다는 사실이다.

독일의 길버트 오멘 박사는 독일인 18,000명의 참가자 중 복합 비타민을 복용한 쪽과 복용하지 않는 쪽의 건강 상태를 검사한 결과 심근경색이나 뇌졸중 암 환자가 복용한 쪽이 복용하지 않는 쪽에 비해 3배 이상 높았다고 한다. 그래서 복용한 쪽의 건강 때문에 더 이상 실험을 지속할 수 없어 중간에 포기한 보고서를 2013년도에 발표했다.

예를 들어 소화가 잘 안 된다 하여 소화제를 자주 사용할 경우 일시적으로는 소화가 잘 되겠지만 나중에는 위의 소화 기능이 떨어지게 된다는 사실이다. 또, 드링크제와 곁들여 사용하는 피로회복제나 영양제들은 순간적으로는 피로회복에 도움이 될지 모르지만 결과적으로 영양분을 대체해 주는 간 기능을 떨어뜨리게 할 수 있다. 생리적으로 우리 인간의 신체 부위는 사용하면 발달하고 사용하지 않으면 그만큼 기능이 저하되어 이런 현상이 생기는 것이다.

심장의 발달과 혈관의 발달

순환기 계통에서 서술한 바와 같이 운동이란 개념 즉 근육 세포들이 심하게 수축 이완 작용을 하게 되면 이 근육 세포에서 평상시에 비하여 몇 배나 더 많은 영양과 산소가 필요하게 된다는 것을 말한 적이 있다. 그러면 몇 배나 더 많은 공기 중의 산소를 채취하기 위해 숨이 몇 배나 더 빨라지며 심장도 몇 배나 더 빨리 폐에서 채취해 놓은 산소를 실어다가 근육세포에 공급해 주기 위하여 빨리 박동하게 된다는 것이다.

이때 심장이 평상시에는 그렇게 심한 수축과 이완 작용을 해보지 않았는데 갑자기 심한 일을 하게 되니 심장의 근육들이나 심장의 방과 방 사이에는 판막이라는 얇은 막이 있는데 이 판막들이 심장의 빠른 박동 때문에 큰 무리를 당하게 되는 것이다. 그러나 근육이 운동을 하는 짧은 순간만 무리를 당했기 때문에 쉬고 잠잘 때 우리 몸의 복구력이 심장의 근육이나 판막을 더 크고 튼튼하게 복구하는 것이다.

이와 같이 날마다 반복된 과정을 통하여 심장과 혈관이 튼튼해지면서 발달해 가는 것이다. 심장이 커진다던가 튼튼해진다고 하면 보통 사람들은 전혀 이해가 되지 않아 믿지 않으려 하겠지만 그렇지 않다. 예를 들어 시골에서 자유롭게 자라는 닭의 심장은 크고 튼튼한데 비하여 양계장에서 자란 닭의 심장은 아주 작은 것을 발견할 수 있다. 물론 심장뿐만 아니라 혈관도 확실히 다르며 근육도 뼈도 완전히 다르다는 것을 알 수 있다.

보통 인간의 심장 박동은 평상시 1분에 약 70여 번 정도 박동을 한다. 당신의 심장 박동이 평상시 70여 번을 넘어 80 가까이 박동한다면 당신의 심장이나 혈관은 체지방이나 운동을 하지 않아 대단히 축소되어 있다고 말할 수 있으며 혈관이 좁아짐에 따라 혈압에도 큰 이상이 생겨 오장 육부를 비롯하여 모든 세포에 산소 결핍으로 오장 육부 기능이 떨어지고 저항력마저 약해졌다고 말할 수 있다.

아주 건강한 운동선수들은 1분에 50여 번 이하 정도밖에 심장이 박동하지 않으며 그것은 큰 심장과 영양과 산소를 많이 운반할 수 있는 넓은 혈관이 있기 때문이다. 그러나 80 가까이 박동하는 사람들은 혈관이 많이 막혀있다던가 심장이 축소되어 우리 몸 속 모든 세포들이 영양과 산소부족 현상이 나타나며 모든 세포들은 뇌 세포에 신호를 보내 좀 더 빨리 영양과 산소를 실은 피를 보내 줄 것을 호소한다.

이러한 분들은 심장과 혈관의 발달을 위하여 노력하지 않으면 오늘날 일어나는 모든 현대병인 암, 고혈압, 당뇨병 등 여러 가지 병마들을 이겨낼 수가 없을 것이다. 보통 1분에 70여 번 박동해야 할 심장이 심한 근육세포를 사용하는 운동을 하게 되면 그 근육에 평상시에 비하여 3, 4배의 많은 산소를 공급해 주기 위하여 심장이 평상시에 비하여 3, 4배의 빠른 박동과 강력한 일을 하게 되고 이때, 심장의 근육이나 판막에는 대단한 무리가 가해질 것이다.

만약 운동을 전혀 해보지 않은 사람이 이처럼 많은 산소를 필요로 하는 심한 근육을 사용하는 운동을 하게 되면 혈관이 심장의 방과 방 사이에 있는 판막이라는 문이 강력한 압축력을 견디지 못하여 반대방향으로 조금이라도 혈액이 넘어간다면 혈액을 회전시키던 펌프 작용은 끝나고 우리 몸 전체에 산소와 영양을 실은 피가 공급되지 않아 우리는 죽음을 맞이하게 되는 아주 위험한 일이 발생하게 된다.

예를 들어 70년대 유명했던 연예인 장강 씨가 연예인 축구를 하다 세상을 떠난 일, 어린 학생들이 상급학교 진학을 하기 위하여 체력 시험장에서 있었던 사고 또 몇 년 전 특수 부대원들이 뛰고 달리는 훈련 중 쓰러져 죽어가는 사고가 바로 연약한 심장으로 산소가 많이 필요로 한 심한 근육운동을 했기 때문에 생기는 사고들이다.

그래서 운동을 시작할 때는 처음 10일 이상은 아주 약하게 적은 양의 운동을 지속하다가 우리 몸이 지금 하고 있는 운동에 대해 적응력이 생기면 서서히 양과 강도를 더해 가야 심장도 함께 무리 → 복구 → 무리 → 복구를 반복하면서 나중에는 근육을 심하게 사용한 운동에도 충분히 적응할 수 있고 크고 잘 발달된 심장이 형성되는 것이다. 심장이 크고 튼튼하면 무엇 하랴 하겠지만 심장은 오장 육부를 비롯하여 우리 몸 75조 억 개의 세포에 영양과 산소를 공급하는 원동력이다. 심장이 조그맣고 약하면 오장 육부를 비롯하여 모든 세포들이 산소와 영양을 원활히 공급받지 못하여 그 세포가 맡은 기능이 떨어지고 저항력이 약하게 될 뿐만 아니라 여러 가지 병균들이 우리 몸에 침입하게 되어 있다. 심장이 크고 잘 발달되어 있으면 모든 오장 육부 기능이 좋아져 처리하고, 생산하며 대체해 주는 모든 기능과 저항력이 최고로 좋아지며 건강한 인생 젊은 인생이 지속되는 것이다.

심장의 발달은 우리 몸 전체의 발달과 똑같다는 것이며 규칙 있는 운동을 하지 않고는 수천억 원 값의 보약도 현대 의술도 심장과 혈관을 발달하게 할 수 없다는 것을 알아야 할 것이다.

혈관의 발달과 중요성

　운동이란 개념은 우리 몸의 여러 종류의 세포 중 근육 세포를 사용하는 것을 운동이라고 말한 적이 있다. 또 근육 세포들은 섬유질 근으로 실 발처럼 되어있단 말도 했으며 이 근육 세포들이 강력한 수축, 이완작용 즉 운동을 하게 되면 평상시에 비하여 몇 배나 더 많은 산소와 영양이 필요하게 된다. 그 운동을 하고 있는 근육 군에 많은 영양과 산소를 실은 피를 빨리 보내주기 위하여 호흡이 몇 배나 빨라지고 심장도 몇 배나 빨리 수축 팽창 작용을 할 때 피도 평상시에 비하여 훨씬 더 많은 피가 심장을 떠나 지금 심하게 운동한 근육세포에 훨씬 더 빠른 속도로 더 많은 영양과 산소를 공급하게 되는 것이다.

　이때 평상시에 비하여 몇 배나 더 많은 피가 한꺼번에 심장을 떠날 때 혈관들은 몇 배나 더 많은 피의 강력한 압력을 받아 부풀어 오르게 되지만 운동을 하는 짧은 순간만 혈관들이 부풀었기 때문에 운동을 하지 않고 휴식하고 잠자는 동안 우리 몸의 복구력이 부풀었던 혈관을 더 튼튼하고 더 크게 발달시키며 이와 같은 반복된 과정을 통하여 혈관을 발달하게 하는 것이다. 만약 혈관이 몇 배나 높은 피의 압축력을 견디지 못해 부풀었던 모세혈관이 터졌다면 큰일이 날 것이다. 불행하게도 그 곳이 뇌 속에 있는 혈관이었다면 더 더욱 큰일이 될 것이며 혈관이 터져서 문제가 되는 것이 아니고 터진 뒤에 있는 뇌세포들은 영양과 산소공급이 차단되어 그 뇌세포가 담당하고 있던 일이 중단되는 것이다.

그 뇌세포가 기억을 담당하고 있는 뇌세포였다면 기억력이 없어져 누가 누구인지, 1, 2, 3, 4조차도 모르게 될 것이다. 또 심장의 자율신경을 담당하고 있는 뇌세포였다면 심장이 멈추고 바로 죽음이 오며, 눈 시력을 담당하고 있으면 눈이 보이지 않게 되며, 하반신을 담당하고 있으면 하반신은 마비와 함께 멈추고 마는 것이다. 뇌에 있는 혈관이 막혔을 때에도 막힌 뒤의 뇌세포들은 영양과 산소 공급을 받지 못해 똑같은 현상이 진행된다. 그래서 뇌에 있는 혈관이 터진 것을 뇌출혈이라 하고 뇌에 있는 혈관이 막힌 것을 뇌졸중이라고 한다. 뇌에 있는 혈관이 터지거나 막히거나 똑같은 현상이 생기는 것이다.

운동을 하지 않음과 인체

우리 인간이 생존하기 위하여 쫓고 쫓기는 조물주의 율법인 근육을 강하게 사용하는 운동을 하지 않고 평상시에 비하여 숨이 가쁘지 않으며 심장 또한 빨리 박동할 필요가 없다. 그에 따라 우리 인체의 맥박 즉, 우리 몸속의 피가 흐르는 속도는 24시간 365일 거의 똑같다고 말할 수 있다.

우리 몸속에서 흐르는 피의 속도가 항상 똑같다. 원리는 마치 지구상의 강물이나 냇물이 똑같은 속도로 흐르는 원리와 같다고 말할 수 있다. 강물이나 냇물이 항상 똑같은 속도로 흐르면 그 강물이나 냇물 바닥에는 먼지도 가라앉고 이끼도 생기며 식물이나 동물이 서식할 뿐만 아니라 쓰레기도 바람에 날려와 자꾸만 쌓여가는 것을 볼 수가 있다. 그러나 어느 땐가 깨끗이 청소가 될 때가 있으니 그것은 비가 많이 내려 갑자기 물이 불어나고 물의 흐르는 속도가 빠르게 되면 쓰레기나 먼지는 깨끗이 청소가 되는 것이다.

그러나 물의 흐르는 속도가 항상 같은 속도로 빠르면 다시 이끼도 생기고 그 바닥이나 주위에 동물이나 식물이 서식하는 것은 마찬가지다. 예를 들어 저 유명한 나일 강의 폭포 언덕에도 이끼가 살고 식물이나 동물들이 서식하며 수력 발전소 유수관 입구에도 따개비 같은 패각류가 서식 물 흐름을 방해하면서 살아가고 있다는 사실이다. 그러면 이러한 식물이나 동물들이 물 바닥이나 주위에서 서식하지 못하게 하고 먼지나 이물질이 가라앉지 못하게 하려면 간단한 원리가 있다. 그것은 물의 흐르는 속도가 일정치 않고 빠르다가 느리게, 느리다가 빠르게 흐르면 어떠한 동물이나 식물 또는 이물질도 면역을 이루고 살려다 떠내려가고 살 수가 없을 뿐만 아니라 깨끗이 청소가 되는 것이다.

이와 똑같이 우리 몸속 피가 일정한 속도로 흐르면 피 속에 들어있는 영양소의 일종인 콜레스테롤이 혈관 벽에 붙게 되며 자꾸만 콜레스테롤로 인하여 혈관 내부 벽이 협소해진다. 그러면 심장에서 먼 부위 즉, 발끝이나 손끝으로 영양과 산소를 싣고 떠났던 피가 세포에서 산화 작용이 끝나면 정맥이라는 미세한 혈관으로 빠져 나가고 또 다른 영양과 산소를 실은 피가 산화작용을 하면서 36.5도의 따뜻한 열과 힘을 내고 세포들이 맡은 일을 제대로 할 것이다.

그런데 콜레스테롤로 인하여 혈관 내부 벽이 좁아지고 심장에서 누르는 피의 압력이 약하여 산화작용이 끝났는데도 정맥라인으로 빨리 빠져나가지 못하고 천천히 이동하게 되면 수족이 차고 저리며 오장 육부라는 인체의 모든 공장에서는 기관들의 기능 저하로 T임파구 및 감마글로불린 같은 항체들이 약화되어 세균 및 바이러스들의 공격에서 벗어나기 어려워진다.

세균 및 바이러스의 공격이 없어도 관절이나 눈이 나빠지고 피부 및 노화가 빨리 진행된다. 그러나 우리 뇌 기관에서는 다행히도 우리 몸 속에 일어나는 급한 정보를 입수 심장에 명령하여 1분에 70여 번만 박동해야 할 심장에 더 빨리 박동해 주라는 명령이 하달되면 심장이 좀 더 빨리 박동하게 되며 이때 심장의 누르는 압력이 강해져 수족의 혈액순환은 해결되었으나 세월이 흐르면 혈관은 자꾸만 축소되고 심장은 더 빠르게 박동하게 되는 것이다.

이때 좁혀진 혈관 때문에 심장이 박동을 했는데도 미처 빠져 나가지 못한 피가 혈관 내부 벽을 누르는 높은 압력을 우리는 고혈압이라고 하며 이렇게 높은 압력이 발생하면 심장에서 가까운 부위 혈관들이 내부 압력을 이기지 못해 부풀어 터지면 큰 문제가 발생하게 된다.

만약 뇌 속에 있는 미세한 혈관이 터지면 터진 혈관 뒤에 있는 뇌세포들은 영양과 산소 공급을 받지 못해 뇌세포가 맡은 일을 즉시 중단 하게 된다. 그 뇌세포가 심장 자율 신경을 담당하고 있는 뇌세포라면 심장이 멈춰 인간은 죽게 되고, 그 뇌세포가 하반신의 신경을 담당한 뇌세포라면 하반신에 마비가 오며, 기억력을 담당한 뇌세포라면 기억력 상실로 이어져 심하면 부모 형제 본인이 누구인지조차 모르게 되는 것이다.

이러한 위험을 미연에 방지하기 위해 현대 의약 분야에서는 혈압을 낮추는 좋은 약이 개발되고 있으나 이 모든 혈압 약들은 절대로 치료제가 아닌 약효가 몸속에 남아있을 동안만 혈압을 떨어뜨린다는 점이다. 약효가 몸속에서 소멸되면 혈압은 다시 원 위치 또는 더 올라가 위험하게 되므로 평생을 두고 혈압 약을 복용해야 하는 불편함은 물론 시간과 세월이 흐르면 더 많은 약의 용량이나 단위가 필요하게 되는 것이다.

여기서 우리가 반드시 알고 넘어가야 할 일은 약물을 이용하여 높아졌던 혈압을 인위적인 힘으로 낮추면 혈압은 정상 또는 정상 이하로 떨어져 뇌출혈의 위험에서 벗어날 수 있을 것이다. 하지만 우리 몸속오장 육부 할 것 없이 약 75조억의 모든 세포들은 혈압을 낮추지 않아도 기아 현상(배고픔) 때문에 해결책의 한 방안으로 올려놓은 혈압을 인위적인 약물에 의해 낮추면 혈압은 떨어졌지만 모든 세포들은 배고픔에 제 기능을 발휘할 수 없다는 것을 다시 한 번 이야기하고 싶다.

우리 오장 육부 기능은 혈관의 발달과 쇠퇴에 직결되어 있고 오장의 하나인 간장은 영양소 대체 공장이라 말할 수 있다. 탄수화물은 포도당으로 지방은 지방산으로 단백질은 아미노산으로 분해하여 저장하며 비타민이나 무기질, 유기질은 흡수되어 필요한 기관으로 보내기도 한다.

또 각종 호르몬 생산과 신진대사 조절성분을 생산하며 체지방을 단백질로 바꾸는 나이포 프로테인 물질과 항체인 감마글로불린 생성도

한다. 이렇게 중요한 일을 담당한 간장으로 가는 혈관이 축소되면 모든 대사 기능에 장애가 나타나며 얼굴과 눈에 황달 및 여성의 경우 생리 이상이 남성의 경우 고환 위축과 해독작용에 장애가 찾아온다.

췌장으로 가는 혈관이 축소되면 당분을 분해하는 인슐린 생산 기능 축소로 인슐린이 부족하여 우리 몸에 들어오는 당분들을 분해할 수 없어 분해되지 않은 당분은 신장에서 노폐물로 취급되어 소변과 함께 버려진 당분을 우리는 당뇨병이라고 한다. 오장의 하나인 췌장은 우리 인체에 들어오는 탄수화물이 소화 과정을 거쳐 당분으로 전환되는데 우리 몸속 모든 세포들이 연료로 사용하기 위해 과당과 포도당을 분해하는 인슐린 호르몬을 생산하는 공장이라 할 수 있다.

현재 우리나라 인구 중 20%, 30세 이상은 10명 중 3명 정도, 65세 이상은 46% 가까이가 당뇨병이거나 당뇨임박 환자인 것으로 알려지고 있다. 증상으로는 초기엔 체중 감량과 목마름이 나타나고 좀 더 심해지면 만성 신부전증, 뇌졸중, 심근경색, 발가락 괴사, 눈의 실명, 저항력 감소 등 수많은 당뇨 합병증들이 나타난다.

원인으로는 유전적이거나 좋지 않은 환경호르몬에 노출된 경우도 있을 수 있지만 제대로 운동을 해주지 않아 심장의 축소나 혈관의 쇠퇴가 주원인이며 또 우리 몸에 축적된 과도한 체지방이 혈관을 사면팔방에서 눌러 췌장의 기능 저하에 의해서 인슐린 생산에 차질이 생긴 것이 당뇨병이다.

이 당뇨병을 치유하려면 앞에서 서술한 바와 같이 과다한 체지방을 줄이고 단계적인 운동으로 심장과 혈관을 제대로 발달시켜 췌장을 이루고 있는 모든 세포에 영양과 산소 공급이 원활하게 이루어진다면 해결된다. 하지만 현대 의약인 인슐린을 공급받으면 순간적으로는 해결되겠지만 결과적으로는 췌장의 기능은 절대로 더 좋아지지 않는다는 것을 알아야 할 것이다.

인간은 누구나 늙어가지만 나이들어 제일 무서운 치매는 뇌세포 기능의 저하로 기억력 상실, 실어증, 판단력 저하 등 수 많은 증상이 나타나며 본인은 물론 가족 또는 주위 사람들에게도 대단한 피해를 준다. 그러나 본인이 잘 알고 노력하면 오히려 전화위복이 되어 더 건강하고 아름다운 세상에서 수 십 년은 더 생명을 건강하게 연장할 것이다. 앞에서 누차 설명하여 다시 설명하기가 좀 어색하지만 중요한 관계로 다시 한 번 설명드린다면 우리 몸의 모든 세포들은 잘 먹고 맡은 일 잘 하고 잘 휴식해 주어야 최고의 튼튼한 세포들이 만들어지며 이 튼튼한 75조억 세포가 모여서 건강한 한 사람이 탄생하게 된다는 말을 한 적이 있다.

치매가 찾아온 원인을 분석해 보면 알코올이나 흡연의 원인도 있지만 우리 몸 혈관들을 누르는 체지방이 많아지고 운동을 제대로 해주지 않아 심장과 혈관의 쇠퇴가 뇌세포에 영양과 산소 결핍으로 뇌 세포들이 배가 고파 제 기능을 상실해 가고 있는 것이 치매다.

지금부터라도 당신이 운동을 제대로 하여 심장과 혈관을 잘 발달시키고 체지방 관리를 잘 한다면 이례적인 것을 제외하고 고혈압이나 당뇨, 치매는 절대로 오지 않을 것이다. 이러한 병마들은 어떤 특이한 유전적이거나 사고와 소아비만에 의한 경우를 제외하고 대부분 나이가 들어 찾아오는 성인병이다. 그래서 환자의 상태를 보지 않고는 어떻게 운동을 해야 하는지 지도하기는 쉽지 않겠지만 누구에게나 통용되는 아주 간단한 운동이 있어 앞에서 가정에서 효과 만점 운동과 준비물이란 글에서 소개했으니 참고하시면 좋겠다.

수명과 자기 성장

　많은 사람들이 더 오래 살기 위하여 상상하기조차 싫은 더럽고 추
잡한 동물들을 먹으며 좋다고 하는 음식물만을 찾아 불철주야 헤매고
있음은 참으로 한탄하지 않을 수 없다. 그래서 여기에 그러한 모든 것
들이 아무런 쓸데가 없는 무상임을 과학이나 논리에 의해 여러분과 같
이 풀어보기로 하면 좋겠다.

　동물의 세계에서는 자기성장이라는 것이 있으며 자기성장이라고 하
는 것은 자기가 태어나서 다 자라 다시 새끼를 낳고 어미가 되는 기간
이라 볼 수 있겠다. 예를 들어 집에서 기르는 개는 1년 정도 자라면 다
자라 암컷 같으면 새끼를 낳을 수 있고 어미가 되며 수컷 같으면 수놈
의 일을 제대로 할 수 있는 아주 건강한 수캐가 된다는 뜻이다. 이렇게
1년에 다 자란 개의 자기 성장은 1년으로 보며 모든 동물들은 자기 성
장에서 10배 이상을 건강하게 살 수 있는 것이 조물주가 정해준 평균

수명이 된다는 것이다. 그러나 복잡한 도시 생활에서 움직임 없이 묶어놓고 기르는 개의 보통수명은 7년~8년이고 시골에서 자유롭게 방견한 개의 평균 수명은 15년~16년을 넘은 정도라는 것이 많은 조사에서 확인되었다. 또 3년~4년에 다 자란 소나 말의 평균 수명은 30년~40년 정도이며 삼겹살의 주인공 돼지는 8개월~9개월이면 다 성장하여 어미 돼지가 되므로 7년~8년이 조물주가 정해준 평균 수명이 되는 것이다.

그렇다면 우리 인간의 자기성장은 몇 살이나 될까? 우리 인간들은 일 년을 커도 아기로 있고 10년을 커도 어린애로 있다. 만약 10년 동안 다 커서 자기 성장이 다 끝났다 하더라도 100년 이상은 살 수 있다는 것이다. 그런데 인간은 평균 14세~16세 정도는 되어야 다 자란다고 할 수 있으며 옛날에는 평균 16세는 되어야 했다. 그렇다면 인간은 140세~160세까지는 건강하게 살 수 있는 것이 조물주가 정해준 인간의 평균 수명이 되는 것이다. 그런데 우리 인간들은 왜 옛날이나 지금이나 빨리 병들고 죽어 갔을까? 이 의문을 쫓아 우리 함께 노력한다면 당신의 남은 인생은 배 이상 연장할 수 있을 뿐만 아니라 건강 마니아가 되어 다른 사람들의 건강도 보살펴 줄 것이다.

필자가 인간이 빨리 늙고 병들어 죽은 원인을 분석해 본 결과에 의하면, 인간은 영리해서 조물주의 명령을 거역하고 자식들이 청년기가 넘어도 그 자식을 곁에 계속 머물러 있게 한 것이 주원인이 되었던 것이다. 조물주의 명령으로 이 세상 모든 포유류 동물들은 새끼를 낳아서 인간 못지않게 살아가는데 필요한 모든 것들을 교육하고 극진한 사랑을 베풀어 보호해 주면서 가르쳐 주지만 청년기가 되면 완전히 남남으로 헤어진다.

그런데 인간은 영리해서 조물주의 명령을 거역하고 자식들을 계속 곁에 머물게 하였으며 50세~60세 정도만 되면 성장한 자식들을 볼 때마다 편안하고픈 인간의 본능이 발동하여 어느날 자식들을 불러 모아 놓고 "이 어미 (혹은 아비)가 좀 쉬고 싶은데 너희들만 사냥을 다녀오면 어떠냐?"고 자식들의 의견을 들었을 것으로 추측된다.

그러면 자식들 하는 말이 "어머니 (혹은 아버지) 이제는 좀 편히 쉬세요. 다른 집 부모님들은 진즉부터 쉬고 계십니다. 그리고 우리들도 다 성장하지 않았습니까?" 하면서 당연히 편안하게 쉬기를 권유했을 것이다. 그 부모 또한 당연하게 생각하고 "오냐 알았다.", '역시 우리 자식들은 효자야.' 하면서 즐거워했을 것을 상상해 본다. 그러나 자식들의 덕분으로 편안히 쉰 그로부터 10일 후 그 어머니나 아버지는 중대한 일이 본인들 몸에서 일어나고 있다는 사실을 전혀 알아차리지 못했다.

그것은 그 부모들이 사냥을 가지 않고 10일 쉰 만큼 근육이 아주 적지만 확실하게 십일 쉰 만큼 축소되었다는 사실이다. 또 10일 동안 근육이 한 번도 운동을 하지 않았기 때문에 근육에 많은 영양과 산소를 강하게 공급할 필요가 없어 심장도 10일 동안 한 번도 강하게 빨리 박동한 적이 없다보니 자연히 심장과 혈관도 아주 적지만 확실히 축소가 되었던 것이다.

근육이 운동을 안 한 탓으로 근육의 축소는 물론 심장과 혈관이 축소되니 오장 육부 기능도 아주 적지만 전부 축소가 되었을 뿐만 아니라 우리 몸을 지켜주는 T림프구 및 감마 글로불린 저항체들도 조금 약해지게 된다. 그런데 하나 더 축소되는 것이 있다. 그것은 우리 몸을 회복시켜 주는 회복능력이 축소되어 있었던 것이다.

그러나 이러한 사실을 몰랐던 그 부모는 자식들의 덕분으로 10일 동안 편히 쉬고 놀다 그 다음날 자식과 함께 사냥을 떠났던 것이다. 그때의 인간들이 사냥하는 방법은 아마 인간의 문화가 전혀 없는 몇 십만 년 전의 이야기이기 때문에 무기는 없었을 테니 동물들의 세계에서 본 리카운이라고 하는 들개들의 사냥하는 방법과 거의 흡사했으리라 생각된다. 리카운이라는 들개들의 사냥하는 방법을 자세히 관찰해 보면 가족단위의 리카운 수십 마리가 떼를 지어 어떤 약한 동물을 목표로 정하면 끝까지 함께 추적하여 상대가 지치면 싸워서 잡아먹는 식의 끈기력과 지구력이 대단히 요구되는 사냥방법이다. 이때 리카운의 무리 중 어떤 놈이 어제의 사냥에서 만약 다리를 다쳐서 혹은 늙어서 혹은 병들어서 사냥하는 무리 중에서 뒤로 처졌다면 어떻게 될까?

틀림없이 그를 지켜보고 있던 다른 맹수가 잡아먹었을 것이며 우리 인간은 이렇게 무리에서 뒤로 처지면 바로 강한 육식동물의 공격을 받아 바로 죽음이 오는 상황을 미리 알고 있다. 그래서 10일 쉬었다 사냥을 떠난 그 부모는 숨이 차고 너무 힘이 없는데도 뒤로 처지면 바로 다른 맹수의 표적이 되어 죽음이 온다는 명백한 사실때문에 뒤로 쳐질 수가 없었을 것이다.

숨이 차고 너무 고통스러운 하루의 사냥이 무사히 끝나고 식구들과 함께 안전한 곳으로 돌아와 쉬고 있을 때 자식들은 잠깐 쉬는 동안 땀도 걷히고 피곤했던 몸이 회복되었다. 하지만 그 부모는 10일 쉬었다 사냥을 떠났기 때문에 10일 쉬는 동안만큼 근육과 심장, 혈관, 오장 육부 할 것 없이 모든 기능의 축소는 물론 회복하는 능력마저 축소되어 있었다. 사냥할 때 피곤했던 몸은 회복이 잘 되지 않고 온몸이 나른해지면서 36.5도 정도만 체온이 유지되어야 되는데 우리 몸이 스스로 치유를 위해 38~39도를 오르면서 몸에서 식은땀이 흐르고 끙끙 앓아눕게 된 것이다. 이런 현상을 우리는 몸살이라고 하며 그 다음날은 더더욱 높은 열이 오르고 체온이 40도 가까이 오르면서 심한 고열로 인하여 눈을 뒤집고 사람을 못 알아볼 정도의 혼수상태에 빠질 수도 있다. 염라대왕의 문을 넘을까 말까를 몇 번 지속하다가 다행히 그 문은 넘지 않았지만 만약 염라대왕 문을 넘었다면 큰일이 났을 것이다.

이렇게 심한 고통으로 일주일 정도 지나면 몸의 열도 내리고 괴로웠던 몸살도 끝나 그 다음날 자식과 함께 다시 사냥을 떠나려고 했을 것이다. 하지만 자식들은 부모님께 효도하는 마음으로 "며칠만 더 편히 쉬십시오. 어제까지 끙끙 앓으셨잖아요." 하고 편히 쉬기를 권유하게 된다. 그러면 그 부모들은 자식들의 권유를 받아들여 며칠 더 편안히 쉬면서 하는 말이 "이래서 인간은 자식이 꼭 필요해." 하면서 좋아했을 것이다.

그렇게 편안히 쉬는 사이 부모들의 근육은 다시 축소되고 심장과 혈관도 축소될 것이다. 또 혈관의 축소는 곧 우리 인체에 가장 중요한 오장 육부의 기능이 축소됨과 동시에 저항력도 약해졌으며 또 우리 몸을 회복할 수 있는 회복 능력마저 또 다시 축소되어 버렸던 것이다.

며칠 후 다시 사냥을 떠났던 그 부모들은 다시 심한 몸살에 시달리게 되었고 이런 반복된 과정을 몇 번만 되풀이하게 되면 윗사람들이 자주 사용하는 말 나이는 못 속인다는 말을 믿게 된다. 그 후로는 사냥을 떠나도 될 수 있으면 많이 움직이지 않는 사냥에만 동참하게 되는 것이다. 즉, 높은 곳에서 살펴보면서 '동물들이 좌측으로 간다'든가 '우측으로 간다'든가 알려주는 형태로만 사냥에 동참하고 움직임이 작아져 자연히 움직임에 맞게 심장과 혈관 근육 할 것 없이 모든 것들이 함께 축소 된다.

그렇다면 건강의 가장 기본이 되는 근육, 심장, 혈관의 축소나 쇠퇴를 막고 젊음이 계속 지속될 수 있도록 하려면 자식에 의존해 (오늘날 문화에 의해 맡은 일만 잘 하면 잘 먹고 잘 사는 세상이 아닌) 먹이를 구해 먹는 것이 아닌 생이 끝날 때까지 잡기 위해 쫓아가고 살기 위해 도망가는 창조주의 율법 속에 살아야 한다는 것이다. 오늘날을 사는 사람들이라면 문화에 의존하여 살더라도 생이 끝날 때까지는 근육, 심장, 혈관을 발달시킬 수 있는 제대로 된 운동을 해 주어야 한다고 본다.

그러나 편안하고픈 인간의 본능 때문에 자식을 곁에 두고 사냥에 동참하지 않는 날이 많아지면서 몸은 거기에 맞게 더 더욱 쇠퇴하게 되고 아주 연약해지면 세균 및 바이러스(분해자) 들의 공격에서 벗어나기 어려워지는 것이다. 운이 좋게 세균 및 바이러스의 침투가 없어도 혈관의 쇠퇴는 관절 및 시력, 피부, 오장 육부 할 것 없이 모든 것들이 늙고 병들어가는 것이다.

아마도 140년 이상 살아야 할 인간이 빨리 병들어 죽어가는 가장 큰 원인은 여기에 있는 지도 모른다. 그것은 자식을 곁에 두고 본인이 가야할 사냥을 자식들에게 대신 시킨 탓이다. 다시 말해 본인이 할 운동을 자식에게만 시키고 편안함만 추구하면서 구경만 했기 때문에 근육이나 심장 혈관의 쇠퇴를 막을 길 없었던 것이 원인일지도 모른다는 사실을 다시 한 번 강조하고 싶다.

만약 지구상의 식물이 존재하지 않는다면 모든 동물들은 멸종할 것이며 초식 동물들이 존재하지 않으면 육식 동물들의 멸종이 오고, 만약 육식 동물들이 멸종이 되면 처음엔 초식동물들의 개체수가 많아지는 듯 보인다. 하지만 먹이의 초토화로 굶주림과 또 쫓고 쫓기는 운동의 부족으로 근육, 심장, 혈관의 쇠퇴로 이어져서 나약해지면 창조주의 위대한 명령을 받은 세균 및 바이러스들의 공격을 한꺼번에 받아 멸종의 위기에 처하게 된다.

이러한 극단적인 멸종을 막기 위해 창조주께서는 육식 동물과 초식 동물을 창조하시고 초식동물이 많아지면 초식동물들을 먹이로 하는 육식 동물들의 개체수가 바로 많아지며, 육식 동물들의 개체가 많아지면 초식 동물들의 개체수가 적어지며 초식 동물이 적어지면 다시 육식 동물들의 개체수가 적어지는 자연 조절 상태가 일어난다.

이와 같이 식물도 종자(씨앗)로 번식하는 식물과 영양 생식(뿌리)으로 나누어 번식하지만 개체수가 너무 많아지면 연약해지고 연약해지면 바이러스는 침투 분해 다시 식물들의 먹이로 동물들의 먹이로 되돌려 주는 역할을 세균 및 바이러스 또 균사체가 담당하고 있다. 다시 말씀 드리면 사스 독감 바이러스나 신종플루 바이러스 또 2015년 6월 국민들의 슬픔과 건강은 물론 국가적으로 엄청난 피해를 안겨다준 메르스 바이러스는 우리 인간들이 평상시 창조주의 율법을 쫓아가고 도망가는 즉 운동을 제대로 해주지 않고 과도한 에너지 축적으로 연약해지면 들어오는 분해자들이다. 이들 분해자들은 다른 글에서 이미 이야기한 것처럼 이 세상에서 자기가 맡은 일이 이미 다 끝나버린 낙엽이나 나무 토막, 아직 생존해 있지만 허약하여 제 맡은 일을 제대로 수행할 수 없는 식물들이나 동물들에 침투 분해하여 다시 동물이나 식물에게 되돌려 주는 위대한 일을 하고 있다는 것을 알아야 한다.

만약 분해자가 없다면 낙엽 하나도 썩어주지(분해되지) 않을 것이며 낙엽이 썩어주지 않으면 먹이 사슬의 최첨단 플랑크톤(plankton)이 생산되지 않을 것이다. 그로 인해 아주 작은 물고기부터 고래에 이르기까지 전멸되고 죽음의 바다가 될 것이다. 우리 인간이 창조주의 명령을 거역하고 쫓고 쫓기는 운동을 하지 않아 연약해지면 튼튼한 육체와 심장과 혈관이 잘 발달되어 있을 때는 우리 인체를 지키는데 전혀 어려움이 없던 T림프구 및 감마 글로불린 또 여러 항체들이 쇠약해져서 무너지게 된다. 간이라고 하는 우리 몸의 성역이 바이러스에 점령당한다든가 관절이 혹은 오장 육부 할 것 없이 처음엔 한곳이 무너지기 시작하여 전체가 무너지게 되는 것이며 이것이 우리가 말하는 병들어 죽어가는 과정이다.

그렇다면 10일 쉬었던 그 부모가 몸살이 오지 않고 10일 전처럼 청년기와 거의 똑같이 건강하게 살아가는 길이 반드시 있을 것이다. 그것은 10일 쉬었다 다시 사냥을 떠날 때는 첫날은 아주 작게 즉 강하지 않은 사냥에 참여하고 7~8일이 경과하면서 서서히 강도가 높은 사냥에 참여하여 10일 전과 같은 사냥이 계속되어야 한다는 것이다.

즉, 10일 쉬었다 운동을 다시 시작할 때는 운동을 아주 적게 지속하다가 7~8일이 경과하면서 서서히 운동의 양과 질을 더해 가야 한다. 그렇게 하지 않으면 젊은 사람이든 늙은 사람이든 어떤 사람을 막론하고 바로 몸살로 또는 병으로 앓아눕게 된다는 것을 알아야 한다.

이 글 중 부모는 자식들의 덕분으로 10일 쉬었다 갑자기 쉬기 전처럼 근육을 강하게 사용한 사냥을 했기 때문에 몸살이라는 병이 들어왔던 것이다. 그렇다면 몸살이 났던 그 부모를 병들게 한 원인 제공자는 누가 될까?

그것은 편안하고픈 인간의 본능 때문에 자식을 곁에 두고 사냥을 시킨 어른들이며 본인의 잘못이 결국 160년 가까이 사용해야 할 오장 육부의 기능을 떨어뜨린 것이다. 젊은 날 국가 대표선수로 올림픽에 참여해 금메달을 목에 걸었던 세계적인 선수나 국가대표 선수라 할지라도 운동을 지속하지 않으면 일반인과 마찬가지가 쇠퇴가 전개된다. 전에 운동을 많이 했든 적게 했든 그것과는 별개로 우리 몸은 사용하지 않으면 수축 현상 때문에 근육만 축소되는 것이 아니고 심장, 혈관, 오장 육부 할 것 없이 모든 것이 함께 축소되기 때문에 이런 현상이 생긴다.

이 글을 읽은 여러분은 운동을 하지 않아 심장과 혈관의 축소, 오장 육부 기능을 쇠퇴하게 하는 실수를 해선 절대로 안 되겠다. 수천억 원 값의 보약도 근육, 심장과 혈관, 오장 육부를 발달하게 할 수 없으며 심장과 혈관의 발달 없이 생명을 연장할 수는 없다.

모든 병마의 예방 및 치유

어떤 대체의학보다 좋은 운동 치유학이라고 하는 학문은 안타깝게도 아직까지 세계 어디에서도 정립되어 있지 않다고 볼 수 있다. 운동 치유는 모든 병마의 예방과 근본적인 치유는 물론 젊음과 아름다움 또 긴 생명을 연장할 수 있는 유일한 방법일지도 모른다. 우리가 반드시 가야할 이 외길에 대해서는 이론부터 잘 알고 실천에 옮겨야 할 것이다.

만약 운동을 잘 모르고 운동을 지속하고 있다면 수많은 시행착오로 인하여 건강을 심히 해칠 수 있을 뿐만이 아니라 운동을 지속하면서도 수많은 병마와 싸우면서 시달리기 일쑤다. 필자는 이러한 수많은 병마의 원천적源泉的인 봉쇄를 위해 이야기하지 않을 수 없다.

아주 건강한 사람이 만약 병이 들어 죽어간다면 어떻게 될까? 아마 건강하지 못한 사람들은 더할 나위 없이 위험할 것이며 종족이 멸종의 위험에 빠질 수도 있다. 다시 말해 건강을 잃은 사람들만이 병마가 찾아온다는 말이다. 그러나 예외는 있을 수도 있다. 그것은 아무리 건강한 사람도 사고로 혹은 독극물로 오염된 환경 호르몬에 노출되어 죽어가는 사람들이 상당히 많기 때문이다.

이러한 사람들을 제외한 아주 건강한 사람에게는 거의 모든 병마들이 들어오지 않는다는 것을 반드시 알아야 한다. 그렇다면 아주 건강한 사람이란 어떤 사람일까? 지금까지 건강에 대한 이야기를 많이 해 왔기 때문에 여기에서 또 다시 반복된 말을 하는 것 같으나 문맥상 다시 한 번 이야기한다.

우리 몸속에 있는 모든 세포들도 살아 있기 때문에 분명히 입도 있고 배도 있으며 항문도 있다고 말한 적이 있다. 그리고 살아 있기 때문에 잘 먹어야 하고 건강한 몸으로 세포들이 맡은 일(근세포는 운동을, 췌장세포는 인슐린 생산을, 간장 세포는 영양분 대체를)을 제대로 잘 하고 휴식이 잘 되어 완전히 회복되었을 때 또 다음날 맡은 일을 제대로 잘 할 수 있으며 이러한 최고의 건강한 세포 75조 억 개가 모여서 최고의 건강한 사람이 탄생하는 것이다.

예를 들어 우리 몸 피 속에서 생성된 노폐물을 처리하고 수분조절을 하는 신장(콩팥)이라고 하는 공장에서 일하고 있는 약 천만 명(실제 수십억 개를 축소하여)의 세포라는 사람들이 있다고 하자. 그 세포라는 사람들은 정해진 자리에서 심장이 밀어주는 압축력에 의하여 혈관

으로부터 영양과 산소배급을 제대로 받아야 건강한 몸으로 맡은 일
인 노폐물 처리와 수분조절을 제대로 할 수 있을 것이다. 근육이 운
동을 제대로 하지 않고 또 과다한 에너지 체지방의 축적으로 인하여
전성기의 3분의 1밖에 남지 않은 축소된 혈관으로부터 영양과 산소
배급을 제대로 받지 못한다면 맡은 일 또한 3분의 1밖에 할 수 없다
는 이야기다.

또 하나 심장과 혈관이 잘 발달되어 있어도 휴식이 없다면 어떻게
될까? 그곳 신장의 조직 속에서 맡은 일만 하고 있던 세포라는 사람들
은 휴식이 없어 지친 몸으로 시들시들 쓰러지면서 맡은 일들을 제대로
할 수가 없어 피 속에 노폐물들이 처리되지 않을 것이다. 그러면 혈압
이 오르고 고열이 나면서 75조억 개의 모든 세포가 노폐물이 처리되지
않은 피를 배급받음으로 인하여 우리몸 전체 세포가 병들고 시들어 간
다는 것이다.

그래서 건강의 조건에는 우리 몸 모든 세포들이 잘 발달된 심장과
혈관으로부터 배급을 제대로 받아 잘 먹어야 하고 모든 세포가 맡은
일을 100% 제대로 할 수 있어야 한다. 충분한 휴식을 해 주어야 다음
날 또 100% 일을 잘 할 수 있는 건강한 세포들이 형성되며 이 건강한
세포 75조억 개가 모여 강건한 사람이 형성된다는 것이다.

여기서 우리 인간이 잘 먹는 것과 우리 몸속 모든 세포들이 잘 먹
는 것과는 좀 다르다는 것을 말해 둘 필요가 있다. 우리 인간은 스스
로 조건에 따라 잘 먹을 수도 있고 때에 따라 다이어트도 마음대로 조

절할 수 있다. 하지만 우리 몸속 세포들은 스스로가 결정하는 것이 아니고 심장이 밀어주는 압축력에 의하여 혈관으로부터 영양과 산소를 배급받아 세포 하나하나가 개별적으로 살아가면서 주위에 있는 세포들과 함께 맡은 일을 공동으로 한다. 그렇기 때문에 운동을 제대로 해주지 않아 심장과 혈관의 발달이 없다면 모든 세포들은 굶주림에 맡은 일들을 제대로 할 수가 없을 뿐만 아니라 세포들이 연약해지면 창조주의 위대한 명령을 받은 세균 및 바이러스들의 공격으로부터 벗어나기 어렵다는 것이다.

그렇다면 제대로 하는 운동이란? 운동의 개념에서 자세한 설명을 했기에 여기서는 간단하게 축소하여 설명할까 한다. 근육 세포들은 대부분 섬유질 근으로 근 필라멘트 즉 세포들이 서로 연결되어 실 발처럼 되어 있다. 그 끝은 서로 다른 뼈에 직접 붙거나 힘살로 변하여 뼈에 붙어(인대라고 함) 뇌신경 세포의 명령에 의하여 수축 이완 작용을 하는 것이 운동이다. 근육 세포와 세포 사이에는 모세혈관 및 감각신경과 운동신경들이 뇌신경계와 연결되어 있다고 볼 수 있다.

이와 같이 형성된 근육 세포들이 많이 모여 있는 것을 우리는 근육군이라고 하며 우리 인체에서는 대둔근과 대퇴근이 가장 큰 근육 군이라고 볼 수 있다.

이 큰 근육 군들을 심하게 수축 이완 즉 뛰고 달리며 앉아 일어서기를 강하게 하는 운동을 하게 되면 평상시에 비교하여 몇 배나 더 많은 영양과 산소를 실은 피가 필요하게 된다. 공기 중에 있는 산소를 빨리 채취하기 위해 평상시보다 몇 배나 숨이 빨라지고 폐포(폐꽈리)에서 채취해 놓은 산소를 실어다 심하게 운동한 근육세포에 빨리 공급해 주기 위해 심장이 몇 배나 빨리 박동을 하게 되면서 심하게 운동하고 있는 근육 세포에 더 많은 영양과 산소를 실은 피를 공급하게 될 것이다.

이때 운동한 근육의 덕분으로 우리 몸속 오장 육부와 뇌 세포는 물론 모든 75조억 개의 세포에도 영양과 산소 공급이 충분히 되면서 얼굴색부터 좋아질 것은 두말할 여지가 없다.

또 하나 운동을 심하게 할 때 근육 세포들이 대단한 무리를 당했지만 다행히 운동을 하는 짧은 순간만 무리를 당했기 때문에 우리 몸이 쉬고 잠잘 때 더 튼튼한 근육과 심장, 혈관으로 발달된다는 것을 알아야 하며 충분한 휴식이 없으면 절대로 건강할 수가 없다.

이러한 과정을 날마다 반복하면서 좀 더 강도있는 운동을 점차적으로 올려 지속하면 최고의 강한 운동에도 견딜 수 있는 강건한 근육 세포는 물론 심장과 혈관의 세포들이 발달하게 된다. 이 발달된 혈관으로부터 충분한 영양과 산소 공급을 제대로 받은 모든 세포들은 아주 건강한 몸으로 세포들이 맡은 일들을 제대로 할 수 있다. 이러한 세포로 구성된 췌장이라면 인슐린 생산이 제대로 될 것이며 또 이러한 세포로 조직화된 간장이라면 각종 영양소 저장과 호르몬 생산은 물론 영양소 대체가 제대로 될 것이다. 또 이러한 강건한 세포 75조억 개가 모여 가장 튼튼한 인간 한 사람이 만들어지며 이렇게 튼튼한 75조억 개의 세포들로 조직화된 사람에게는 예기치 못한 사고나 약물 중독 환경호르몬의 노출에 의한 병마를 제외한 요사이 우리가 말하는 현대병 즉 각종 종양, 암, 뇌졸중, 치매, 간염, 신장염, 관절염 등 오늘날 일어나는 모든 현대 병마들은 거의 들어오지 못한다는 것을 알아야 할 것이다.

그러나 운동을 잘 모르고 지속한다면 힘들고 숨차게 운동을 지속하면서도 수많은 시행착오로 인하여 오히려 건강을 심히 해칠 수 있다. 뿐만이 아니라 발달이 더디고 병마의 치유가 잘 되지 않을 수 있다는 것이다. 운동 치유요법은 병마의 종류와 경중에 따라 또 연령에 따라 운동하는 과정이나 강약이 천차만별로 다르기 때문이다.

다시 말해 운동 치유학이란 단어는 우리 국어사전에 아직은 존재하지 않는 말이지만 앞으로 많은 연구와 노력은 현대의학 못지않은 수많은 질병들을 고친다기보다는 거의 100%에 가깝게 예방과 치유가 될 수 있게 할 것이다. 오히려 현대의학이나 의술로는 전혀 불가능한 우리 몸속 운동하는 근육 세포를 이용하여 심장과 혈관의 발달을 극대화시켜 우리 몸속 모든 세포들을 튼튼하게 한다. 그리하여 면역체계 기능을 강화시키고 부작용이 전혀 없이 모든 병마를 예방하거나 치유하는 서양의학이 아닌 운동을 이용한 자연건강 요법을 의미한다고 볼 수 있다.

운동 치유의 현주소는 신체의 전체적인 자생력을 강화시키는 효과

가 있고 현대 의학이나 의술로는 전혀 불가능한 근육, 심장과 혈관을
발달시켜 오장 육부 기능을 발달시킬 수 있을 뿐만이 아니라 서양 의
학의 효능도 운동의 토대에 의에서만 이루어진다는 사실이다.

최고 건강한 사람의 조건

첫째, 잘 먹고, 둘째, 쫓고 쫓기는 운동을 최고로 잘 할 수 있어야 한다.(체지방이 많은 사람은 쫓고 쫓기는 운동을 제대로 할 수 없다) 셋째, 편안한 휴식 속에서 회복이 완전히 잘 되었을 때 최고의 건강한 사람이 탄생한다.

좀 더 자세히 설명하자면 첫째, 우리 몸의 영양은 부족해도 안 되겠지만 과도한 에너지 축적은 오히려 우리 몸속에서 체지방으로 변환되어 모든 혈관들을 사면팔방에서 누르게 된다. 이는 모든 세포에 영양과 산소를 운반 공급해 주는데 대단히 큰 방해의 원인이 되어 모든 세포들이 나약해질 뿐만 아니라 근육세포의 수축 이완 작용에도 큰 장애의 원인이 된다.

둘째, 조물주 명령 쫓아가고 도망가는 근육 운동을 강하게 하게 되면 근육 세포는 평상시에 비해 몇 배나 더 많은 영양과 산소를 실은 피

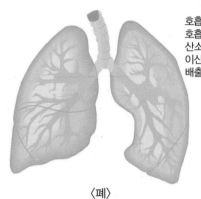

호흡을 담당하는 호흡기관으로 산소를 공급하고 이산화탄소를 배출하는 역할

⟨폐⟩

가 필요하게 된다. 우리 몸의 폐에서 공기 속에 들어있는 산소를 몇 배나 빨리 채취하여 강하게 운동하고 있는 근육 세포에 공급해 주기 위해 숨이 평상시에 비해 몇 배나 더 빨라지며 심장도 몇 배나 더 빨리 박동하게 된다.

즉, 폐포에서 산소를 실어다 강하게 수축과 이완 운동을 하고 있는 근육 세포에 더 빨리 영양과 산소를 공급해 주기 위해서다. 이때 혈관들은 심장의 강한 압축력에 터질 것 같이 부풀었으나 다행히 운동을 하는 짧은 순간만 부풀었기 때문에 우리 몸이 쉬고 잠 잘 때 부풀고 약해졌던 혈관을 더 튼튼히 복구하게 되는 것이다.

셋째, 편안한 휴식과 잠 속에서 회복된다. 우리 몸이 근육을 사용한 심한 운동을 하게 되면 근육 심장 혈관은 물론 폐포(폐 꽈리)마저도 대단한 무리를 당하게 되지만 다행히 운동을 하는 짧은 순간만 무리를 당했기 때문에 쉬고 잠 잘 때 더 튼튼히 복구하게 된다. 이러한 과정을 날마다 반복하면서 좀 더 단계적인 강한 훈련을 하게 되면 최고의 건강한 사람이 탄생하게 되지만 반대로 편안하게 놓아두면 계속 쇠퇴됨은 물론 모든 것이 허약해져 바이러스의 공격을 벗어나기 어렵다.

위와 같이 우리 몸속 세포들도 첫째 잘 먹고, 둘째 세포가 맡은 일 제대로 잘 하고, 셋째 충분한 휴식 속에서 최고의 건강한 세포들이 생성되며 이 튼튼한 세포 약 75조억 개가 모여서 튼튼한 인간 한 사람이 탄생하는 것이다.

그런데 인간은 잘 먹고 싶을 때 잘 먹고 다이어트도 마음대로 조절하는 능력이 있을 수도 있지만 우리 몸속 세포들은 스스로가 잘 먹고 싶다고 해서 먹고, 먹기 싫다고 해서 안 먹는 것이 아니다. 심장이 밀어 주는 압축력에 의하여 혈관으로부터 영양과 산소를 배급받아 살고 있다. 그러므로 운동을 제대로 하지 않아 축소된 심장이나 쇠퇴된 혈관으로부터는 영양과 산소 배급을 제대로 받지 못한다. 그러한 세포들은 산소 결핍과 기아 현상 때문에 쇠약해지고 이러한 허약한 세포들로 구성된 사람은 아주 나약한 사람이라 볼 수 있으며 세균 및 바이러스는 이런 게 나약한 인간을 도태시키기 위해 침입하게 된다.

이는 마치 전쟁터와 흡사하다. 수많은 병사들이 잘 먹고 튼튼한 몸으로 맡은 일 즉 정찰병은 적군의 움직임을 잘 관찰해야 된다. 군수 공장에선 성능이 아주 우수한 군수 물자를 생산해야 하고, 수송 부대에서는 생산된 군수 물자를 필요한 적소 요소에 원활하게 수송 공급해 주어야 한다. 그러기 위해 공병대는 수송로를 넓히며 개보수하고 소대장 중대장 및 중앙 지휘 본부에서는 휘하에 있는 모든 장병들이 전시대비 훈련과 교육은 물론 충분한 영양과 휴식을 취하게 하여 곧 찾아올 전투에 만반의 준비를 충직하게 이행하는지를 수시로 점검 확인하고 명령해 두어야 무적의 군대로 거듭나게 되는 것이다.

그와 반대로 수많은 병사들이 보급로의 축소로 굶주림과 피로에 지친 허약한 장병들로 조직화된 군대라면 정찰병은 적의 동태를 살필 수 없어 적의 침투를 막을 길이 없다. 군수 공장에선 좋은 군수 물자를 생산할 수 없으며 군량미가 있어도 공병대의 수송로 개보수의 부진으로 군수품을 제대로 공급할 수 없다면 바로 전투를 제대로 할 수 없어 패망하는 부대가 되는 것이다. 또 지휘본부에 보급로의 차단으로 통신이 두절되고 군량미가 도착하지 않아 지휘관들이 소통과 굶주림에 죽어가고 있다면 아무리 좋은 신형 무기를 개발 생산했다 해도 지휘관 명령이 없어 사용해 보지도 못한 채 바로 패망으로 이어지는 것은 불을 보듯 뻔한 일이다.

이 두 가지 유형의 군부대가 어떤 지휘관의 통솔에 있느냐에 따라 무적의 강력한 군부대와 나약해 시들어가는 군부대로 나누어진다고 보기 때문이다. 무적의 군 지휘관은 명석한 두뇌로 건강에 대한 확실한 지식을 가지고 휘하 장병들에게 영양 공급을 제대로 해주고 훈련을 잘 시켜 맡은 임무를 충직하게 하며 휴식을 잘 시켜 완전히 피로 회복이 된다. 어떤 적과 싸워도 패배하지 않는 임전 태세가 완벽한 것은 지휘관의 능력이라고 볼 수 있다.

반대로 나약한 부대 지휘관은 정신 상태부터 게으르고 오늘 할 일들을 다음으로 미루고 장병들의 영양 공급이나 훈련도 제대로 시키지 않아 지휘 소통도 되지 않는다면 모든 것이 함께 나약해질 것이며 곧 멸망하게 될 것은 훤한 일이다. 필자가 튼튼한 장병들로 조직화된 무적의 군부대와 반대로 굶주림과 피로에 지친 나약한 장병들로 조직된 군부대에 대해 예를 든 이유는 인간의 몸도 군 조직보다 훨씬 더 섬세한 조직력을 가지고 있기 때문에 조직력이 잘된 군 사령부에 비유해 이야기를 한 것이다.

실제 우리 몸을 자세히 보면 외부에서 들어오는 이물질이나 바이러스 또 세균들을 직접 막기 위해 수조 억에 달하는 피부세포(군사)들이 우리 몸의 외곽을 물샐 틈 없이 지키고 있다. 내부로 들어가 제일 위에는 중앙 본부 사령부(뇌세포)가 있고 그 내부에는 각부서 참모들이 시각, 청각, 후각, 미각, 촉각으로부터 들어오는 모든 정보들을 분석하고 합의하여 어떻게 처리할 것인가를 결정하여 말단에까지 명령하게 된다. 즉, 시각이나 촉각으로 위험이 들어오면 시각이나 촉각의 참모들이 순간적으로 피하게 하는 명령을 내리고 후각이나 미각 청각으로 들어오는 정보는 후각, 미각, 청각의 참모들이 분석하여 적절한 조치를 내리는 것이 뇌 기관이다.

또 지휘 본부에서는 오장 육부[5]라고 하는 인체에서 필요한 것들을 생산하고 처리하며 대체하는 공장들이 제대로 맡은 임무에 충실하고 있다. 원료와 재료 또 군사들의 영양은 물론 생산된 모든 보급 물자들을 적소 요소에 공급해 주기 위해 수송로(혈관 — 편안하면 계속 수축

5) 오장: 간장, 심장, 비장, 폐, 신장 / 육부 - 대장, 소장, 위, 담, 방광, 삼초.

되기도 하고 강한 운동에서는 발달되기도 함)의 개보수는 잘 되어 있으며 75조억 전 장병이 제각기 맡은 임무에 충실히 이행하는지를 지휘관은(뇌 지식기관) 지휘 감독을 평상시에도 잘 해두어야 한다.[6]

우리 인체 외부에는 육, 해, 공 다시 말해 흙과 흙 사이 물질과 물질 사이 공기와 공기 사이에는 수많은 종류의 법정 전염병 1군인 콜레라, 페스트, 장티프스, 2군인 디프테리아, 홍역, 3군인 말라리아, 결핵, 성홍열, 비브리오, 발진디프스, 메르스 등이 있다. 수많은 종류의 인플루엔자influenza 및 바이러스성 세균 또 균사체[7] 등의 이들 분해자들은 조물주(창조주)의 병사로서 조물주님의 위대한 명령을 받아 아무 생명체에나 피해를 주는 것이 아니고 이 세상에서 맡은 일이 다 끝나버린 낙엽이나 나무토막 아직 생명은 있지만 너무나 허약해서 제 임무를 제대로 수행할 수 없는 나약한 식물들이나 동물들을 골라내어 침투 분해처리한다. 그리고 다시 동물들이나 식물들의 먹이로 돌려주는데 내 본인이 약해지면 분해 처리 대상이 나 본인이 되어 바이러스의 침입으로 병들고 죽어가는 것이다.

예를 들어 혈관의 쇠퇴로 우리 몸의 간장이란 장기(공장)가 바이러스의 공격으로 무너지면 어떻게 되겠는가. 우리 몸 오장의 하나인 간肝은 다양한 기능에 탄수화물 대사 비타민 및 무기질 대사 당즙 및

---

6) 이 책을 읽은 당신의 두뇌는 건강에 대한 최고의 사령관으로 취임하여 당신의 몸에게 날마다 운동을 명하고 최고 건강하게 최고 장수하게 할 것이다.
7) 이 모든 세균 및 바이러스들을 요사이 전문들은 분해자라고 칭하며, 이 분해자들을 필자는 조물주 혹은 창조주의 명령을 받은 충성스러운 병사들이라고 호칭함.

호르몬 생산 해독 작용 등 많은 기능 그 외에도 신진대사 조절 성분의 물질을 생산하며 한마디로 말해서 영양소 대체 공장이라고 칭할 수 있다.

또 오장의 하나인 신장(콩팥)은 근육세포를 포함 약 75조억 개의 세포라는 생명체들이 산화 작용을 하고나면 피 속에 노폐물 즉 찌꺼기가 생성된다. 이 노폐물 처리공장인 신장에서 핏속에 있는 과다한 수분과 함께 방광을 통해 체외로 보내는데 이때 핏속에 수분 양이 부족하면 노폐물의 처리가 불가하며 피는 혼탁해지고 혈액 순환에 장애가 생겨 위험하게 되므로 충분한 수분 공급으로 핏속에 있는 노폐물이 완벽하게 처리되어야 할 것이다.

만약 운동을 제대로 하지 않아 이 공장들을 이루고 있는 모든 세포들이 축소된 심장과 쇠퇴된 혈관 때문에 영양과 산소 배급을 제대로 받지 못해 연약하여 바이러스의 공격으로 제 기능을 상실해 가고 있는 간세포라면 영양소 대체가 되지 않아 황달과 골다공증 및 여러 가지 대사 증후군이 나타난다. 또 신장을 이루고 있는 세포에 심장의 축소나 혈관의 쇠퇴로 연약해져 바이러스의 공격을 받아 핏속에 노폐물이 처리되지 않는다면 대단히 위험하게 되는 것이다.

여기서 우리가 반드시 명심해야 할 것은 이렇게 중요한 일을 수행하고 있는 심장이나 혈관의 발달은 단계적인 운동 없이는 그 어떤 세계적인 의술도 의약도 아무리 좋은 식품도 전혀 발달시킬 수 없다는 것이다.

이 글을 잘 읽고 이해하셨다면 당신은 건강에 대한 정확한 지식을 이미 소유한 지휘관(두뇌)의 명령을 받아 체계적이고 단계적인 훈련(운동)을 거쳐 심장과 혈관을 발달시켜 약 75조억 장병들(세포)에게 충분한 영양 공급과 맡은 임무를 제대로 할 수 있게 하고 충분한 휴식으로 튼튼한 장병들로 이루어진 당신의 몸은 앞으로 수십 년을 분해자에 의한 퇴출의 대상에서 제외될 것이다.

심장과 혈관을 운동시켜라

고혈압, 당뇨병, 치매 등은 내가 잘 알면 스스로 치유할 수 있다고 생각한다. 지금까지 혈관 질환의 일환인 고혈압, 당뇨. 치매와 같은 병마들은 현대 의술이나 약으로 진행 과정은 조금 늦출 수 있을지 모르지만 절대로 고칠 수 없다는 것을 현 의술을 연구하는 과학자들도 자인한 바가 있다. 왜냐면 이러한 질병들은 비이러스나 세균에 의한 질병이 아니기 때문이다. 그러나 고혈압 같은 혈관 질환의 발생 원인을 잘 분석해 보고 잘 알면 스스로 치유할 수 있을 뿐만 아니라 오히려 전화위복轉禍爲福이 되어 더욱 건강해지고 젊음은 배가 되며 장수할 수 있다는 것을 확신하는 바이다. 인간의 몸속에는 약 75조억 개의 세포[8]라는 생명체들이 심장이 밀어주는 압축력에 의하여 혈관으로부터 영양

---

8) 이 책을 읽은 당신의 두뇌는 건강에 대한 최고의 사령관으로 취임하여 당신의 몸에게 날마다 운동을 명하고 최고 건강하게 최고 장수하게 할 것이다.

과 산소를 배급받아 개별적으로 살아가면서 주위에 있는 세포들과 함께 인체 속에서 맡은 일들을 공동으로 하면서 살아있는 인간 한 사람을 구성하고 있다고 말한 적 있다.

다시 말해 눈에는 수십억 개의 눈을 이루고 있는 모든 세포들이 개별적으로 살아가면서 눈이 하는 일 즉 물체나 형상을 받아들이는 일을 공동으로 한다. 심장을 이루고 있는 모든 세포들은 개별적으로 살아가면서 심장이 하는 일 즉 우리 몸 75조억 개의 세포에 영양과 산소를 압축력에 의하여 공급해 주는 일을 공동으로 하고 하체에 있는 피부, 근육, 혈관 모든 세포들은 하나하나 개별적으로 살아가면서 다리가 하는 일을 공동으로 하면서 인간 한 사람을 구성하고 있다는 것이다.

그리고 모든 세포들은 살아있기 때문에 반드시 잘 먹어야 한다. 그래야 세포는 맡은 일을 잘 해낼 것이다. 충분한 휴식 속에서 가장 튼튼한 세포들이 형성되며 이 튼튼한 세포 하나하나 약 75조억 개가 모여서 건강한 인간 한 사람이 이루어진다. 그런데 인간들은 편안하고픈 본능 때문에 조물주의 명령 즉 운동을 제대로 하지 않는다. 또 과도한 에너지 축적으로 쌓인 체지방은 우리 몸의 크고 작은 혈관들을 사면팔방에서 누르면서 모든 세포에 영양과 산소 배급을 제대로 해주지 못하게 되는 혈관 축소 현상을 일으킨다. 이때 우리 몸의 세포들은 배가 고프게 되고 할일들을 제대로 못하면서 심장 자율 신경을 담당하고 있는 뇌 세포에 신호를 보내서 기아 현상의 해결책으로 심장이 좀 더 빨리 박동해 줄 것을 요청하게 된다.

　그러면 뇌 세포에서는 심장 자율 신경에 명령하여 1분에 약 70번 정도 박동하던 심장을 좀 더 빨리 박동하게 명령하므로 문제 해결은 될 것이다. 하지만 시간과 날이 갈수록 혈관들은 더욱 쇠퇴하고 심장은 더 빨리 박동을 한다. 이러한 과정의 반복을 통해 심장은 자꾸 빨리 박동하게 되는 것이다. 이때 좁혀진 혈관 때문에 심장이 박동을 했는데도 미처 빠져 나가지 못한 피가 혈관 내부 벽을 누르는 높은 압력을 우리는 고혈압이라고 한다. 이렇게 높은 압력이 생기면 심장에서 가까운 부위 혈관들이 내부 압력을 이기지 못해 부풀어 터지면 큰 문제가 발생하게 된다.

　만약 뇌 속에 있는 미세한 혈관이 터지면 터진 혈관 뒤에 있는 뇌 세포들은 영양과 산소 공급을 받지 못해 뇌 세포가 맡은 일을 즉시 중단하게 된다. 그 뇌세포가 심장 자율 신경을 담당하고 있는 뇌 세포라면 심장이 멈춰 인간은 바로 죽게 될 것이다. 만약 그 뇌세포가 하반신의 신경을 담당한 뇌 세포라면 하반신의 마비가 오며 기억력을 담당한 뇌 세포라면 기억력 상실로 이어져 심하면 부모 형제 본인이 누구인지조차도 모르게 되는 것이다.

　이러한 위험을 미연에 방지하기 위해 현대 의약 분야에서는 혈압을 낮추는 좋은 약이 개발 되고 있다. 하지만 이 모든 혈압 약들은 절대적인 치료제가 아니다. 다만 약효가 몸속에 남아있을 동안만 혈압을 떨어뜨리는 것이다. 약효가 몸속에서 소멸되면 혈압은 다시 원 위치 또는 더 올라가 위험하게 되므로 평생을 두고 혈압 약을 복용해야 하는 불편함은 물론 시간과 세월이 흐르면 더 많은 약의 용량이나 높은 단위가 필요하게 되는 것이다.

여기서 우리가 잘 알고 넘어가야 할 일은 약물을 이용하여 높아졌던 혈압을 인위적인 힘으로 낮추면 혈압은 정상 또는 정상 이하로 떨어져 뇌출혈의 위험에서는 벗어날 수는 있을 것이다. 하지만 우리 몸 속 오장 육부 할 것 없이 약 75조억의 모든 세포들은 혈압이 높아도 영양과 산소를 실은 피가 부족했는데 약물을 사용한 인위적인 힘으로 혈압을 낮추면 충분한 영양공급을 제대로 받지 못해 모든 세포들은 기아 현상에 제 기능을 발휘할 수 없을 뿐만 아니라 나약해서 분해자들의 공격에서 벗어나기 어려울 것이다.

노병식 씨와 혈압이야기

2015년 5월 20일 필자가 운영하는 건강 클럽에 광주광역시에 거주하는 73세 노병식 씨(1943년생)가 찾아왔다. 그 당시 건강 상태에 대해 물어본 결과 1992년 5월 척추 디스크 수술을 받았으며 1995년부터 현재까지 혈압약과 당뇨 약의 처방을 받아 복용하고 있는 중이라 했다. 그 이후 큰 질환은 다행이 없었으나 계속 쇠약해저 현재에 와서는 앉아 버리면 혼자의 힘으론 도저히 일어설 수 없다고 했다. 그때 노병식 씨의 소원은 한 계단만 오를 수 있을 만큼만이라도 다리에 힘이 있으면 좋겠다는 것이었다.

당시 노병식 씨의 최고혈압과 최저혈압이 90~60으로 본인은 혈압이 아주 정상이어서 기분이 좋다는 말을 했다. 그래서 필자는 누가 현재 혈압 90~60을 정상이라 했느냐고 물었다. 노병식 씨는 의사 선생님께서 그리 말씀하셨으며 노병식 씨 본인도 지금까지 정상인 걸로 알고 있다고 했다.

여러분도 알고 있어야 한다. 의사 선생님의 말대로 맞을 수도 있다. 만약 운동선수들이라면 잘 발달된 심장과 발달된 혈관을 소유하고 있기 때문에 피의 흐름이 아주 좋아 정상에 속한 혈압이라 할 수 있다. 그러나 노병식 씨의 경우 운동을 해 주지 않아 심장과 혈관의 쇠퇴로 인하여 모든 세포들은 기아 상태라 말할 수 있다. 그런데 약물을 이용하여 인위적인 힘으로 혈압을 떨어뜨리면 혈압 하나는 정상이 되겠지만 모든 세포들은 굶주림에 제 기능들을 상실해 가고 있었던 것이다. 실제로 노병식 씨의 경우 오장 육부는 물론 하체에 있는 큰 근육 군을 이루고 있는 대둔근, 대퇴근 할 것 없이 모든 세포들이 굶주림에 시들어 일어설 수도 없는 나약한 몸이 되어 있었다. 지금까지 운이 좋아 세균이나 바이러스들의 공격을 피해 왔지만 조금이라도 빨리 건강을 회복하려면 혈압을 잘 알고 좀 더 높은 혈압을 유지하지 않으면 안 될 것이다.

고혈압의 원인을 잘 분석해 보면, 첫째, 운동을 제대로 하지 않고 편안한 생활만을 추구하면서 자신도 모르는 사이에 혈관들이 축소되어 모든 세포들의 기아 현상의 자구책으로 뇌 세포가 심장의 자율 시경에 명령한 것이 고혈압이다.

둘째, 부모님 및 조상들로부터 우리 신체의 모든 것을 유전받으면서 그 중에서도 아주 좋은 소화기 계통의 유전을 받아 뛰어난 소화력과 왕성한 식욕 때문에 과도한 에너지가 축적된다. 그 결과 체지방이 되어 우리 몸속 약 10만km나 되는 혈관들을 사면팔방에서 누르면서 영양과 산소 배급을 방해했기 때문에 모든 세포들이 기아 상태를 벗어나기 위해 심장 자율 신경을 담당한 뇌세포에 신호를 보내 해결책의 일환으로 뇌세포가 심장에 고혈압을 명령한 것이다.

노병식 씨의 경우 그렇지 않아도 혈관들의 쇠퇴로 피를 좀 더 빨리 보내달란 요청에 의해 해결책의 일환으로 혈압을 올려놓았는데 인위적인 약물로 혈압을 낮추면 혈압은 정상 또는 정상 이하가 되겠지만 모든 세포들은 제 기능을 상실하면서 근육 세포들이 너무 허약해져 앉으면 일어설 수 없는 허약한 몸이 되었던 것이다.

셋째, 이례적인 것은 우리 몸에 유해한 약물 중독이나 좋지 않는 환경 호르몬의 노출에 의해 건강에 이상이 생겼을 때 우리 몸은 스스로 치유하기 위해 영양과 산소를 실은 피가 훨씬 더 많이 필요하게 되며 바로 혈압이 오르는 원리를 잘 알고 보면 우리 몸이 자연 치유를 위해 꼭 필요해서 올린 것이다.

혈압 못지않게 중요한 기관의 하나인 췌장은 우리 인체에 들어오는 탄수화물이 소화 과정을 거쳐 당분으로 전환되는데 우리 몸속 모든 세포들이 연료로 사용하기 위해 과당과 포도당을 분해하는 인슐린 호르몬을 생산하는 공장이라 할 수 있다. 현재 우리나라 인구 중 20%, 30세 이상은 10명 중 3명 정도, 65세 이상은 46% 가까이가 당뇨병이거나 당뇨임박 환자인 것으로 알려지고 있다.

증상으로는 초기엔 체중 감량과 목마름이 나타나고 좀 더 심해지면 만성 신부전증, 뇌졸중, 심근경색, 발가락 괴사, 눈의 실명, 저항력 감소 등 수많은 당뇨 합병증들이 나타난다. 원인으로는 유전적이거나 좋지 않는 환경호르몬에 노출된 경우도 있지만 제대로 운동을 해주지 않아 심장의 축소나 혈관의 쇠퇴가 주된 원인이며 또 우리 몸에 축적된 과도한 체지방이 혈관을 사면팔방에서 눌러 췌장의 기능 저하에 의해서 인슐린 생산에 차질이 생긴 것이 당뇨병이다.

이 당뇨병을 치유하려면 앞에서 서술한 바와 같이 과다한 체지방을 줄이고 단계적인 운동으로 심장과 혈관을 제대로 발달시켜 췌장을 이루고 있는 모든 세포에 영양과 산소 공급이 원활하게 이루어지게 한다면 해결 되겠지만 약물을 이용하여 혈당을 인위적으로 낮추면 췌장의 기능 또한 좋지 않다는 것이다. 그리고 현대 의약인 인슐린을 공급받으면 순간적으로는 해결되겠지만 결과적으로는 췌장의 기능은 절대로 더 좋아지지 않는다는 것을 알아야 한다.

진정한 여성의 아름다움

건강을 잃은 여성은 아름답다 할 수 없다. 많은 여성들이 아름다운 몸을 가꾸기 위하여 열심히 운동에 임하고 있지만 아름다운 몸에 대하여 정확한 정의가 없이 자기 몸을 아름답게 가꾸기란 정말로 어렵다.

여성들이 예쁜 눈썹을 그리고자 할 때 먼저 갈매기 눈썹, 반달 눈썹, 일자 눈썹 등 가장 잘 어울리는 것이 어떤 것인지 미리 알고 있어야 예쁜 눈썹을 그릴 수 있으며 본인 마음에 들게 그릴 수 있을 것이다. 이처럼 아름다운 몸을 가꾸기 위해서는 먼저 아름다운 몸을 정확히 알아야 한다. 그래서 먼저 아름다운 몸에 대하여 자세한 설명을 하고자 한다.

아름다운 몸이란 키가 크고 얼굴이 예쁘고 다리가 가늘고 허약한 여성이 아니라 젊고 건강한 여성이 아름답다는 것이다. 그렇다면 젊고 건강한 여성은 어떻게 생겼을까? 건강한 젊은 여성은 대부분 키가 크거나 작거나를 떠나 첫째 얼굴이 조그맣고 허리는 가늘고 골반은 좁고 다리는 몸에 비하여 통통한 것이 젊은 몸, 아름다운 몸이 아닐까 한다.

그러면 늙은 몸은 어떻게 생겼을까?

사람이 대부분 나이가 들면 첫째로 얼굴이 커지고 허리와 배가 커지고 골반이 커지고 다리는 가늘어지는 것이 젊은 사람과 정 반대의 다른 점이라고 말할 수 있다. 그런데 아름다운 몸을 가꾸기 위하여 찾아온 젊은 여성들의 하는 말은 자기는 다리가 너무 굵어서 가늘게 만들기 위하여 운동을 하고 싶다는 말을 주로 한다. 그러면 지방을 빼고 싶다는 뜻임을 알면서도 '지방을 빼면 됩니다.' 하고 말하는 것이 아니라 다리를 가늘게 만들려면 두 가지 길이 있는데, 첫째로 다리에 기브스(석고)를 해보라고 한다. 그리고 5~6개월 후 풀어보면 어떻게 될까라고 물어본다. 사용하고 있던 다리는 튼튼하고 탄력이 있는데 비하여 석고를 했던 다리는 누구나 알다시피 아주 가늘고 허약하게 된다.

그렇다면 왜 가늘어졌을까? 그것은 누구나 대답할 수 있는 해답이 나온다. 그것은 사용하지 않아 쇠퇴되어 가늘어진 것이다. 그러면 이 가늘고 쇠퇴된 다리를 아름답게 보았다면 어떨까? 아마 지식이 잘못되었거나 눈이 잘못되어 있는 것이다. 둘째는 늙으면 다리가 가늘어지고 허약해진다고 알려준다. 왜냐면 기브스는 하지 않았지만 활동이 적고 기브스를 한 것처럼 운동의 부족으로 쇠퇴되어 가늘어진다.

이렇게 허약한 다리를 아름답게 보는 것은 잘못된 지식이라 할 수 있을 것이며 아름다운 젊은 몸이란 키가 크고 작고를 떠나 몸 전체에 비례하여 얼굴은 조그맣고 허리는 가늘고 골반은 좁고 다리는 몸에 비하여 통통하며 균형있는 그러한 몸을 아름다운 몸이라 할 수 있다.

우리 몸이 운동을 하게 되면 근육세포에서 평상시에 비하여 훨씬 더 많은 에너지를 소모함으로 인하여 비축된 지방 에너지가 줄어들게 되어 있지만 그렇다고 해서 체중이 많이 줄어들지는 않는다. 그 이유는 체지방이 줄어든 대신에 근육 양이 증가하기 때문이며 체중을 많이 줄이려고 하면 체지방에 대하여 좀 더 명료한 지식을 가지고 있지 않으면 안 된다.

지식인을 자처하는 많은 사람들이 체지방에 대하여 자기 멋대로 정리해 버리는 큰 실수를 하고 있는 것을 가끔 볼 수가 있다. 예를 들면 체지방은 육류를 많이 먹어서 혹은 인스턴트 식품 혹은 서구화된 음식 문화 때문이라는 등 말이다. 이들 음식물들은 물론 관련이 전혀 없는 것은 아니지만 체지방에 대한 명료한 해답은 아니다.

그렇다면 체지방은 과연 무엇인가, 어떻게 하여 만들어지는가? 확실히 알아두어야 체지방과 싸워서 이길 수도 있고 마음대로 조절할 수도 있으며 아름다운 몸도 가꿀 수 있기 때문에 명료한 설명을 하고자 한다. 우리 몸속에 비축된 체지방은 어떤 음식을 먹었느냐 하고는 관계없이 얼마나 많은 에너지가 우리 몸속으로 들어왔느냐와 관계가 있는 것이다.

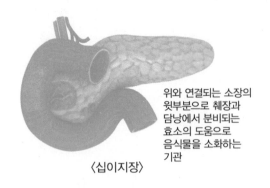

위와 연결되는 소장의 윗부분으로 췌장과 담낭에서 분비되는 효소의 도움으로 음식물을 소화하는 기관

〈십이지장〉

다시 말해 우리는 매일 하루도 거르지 않고 식사 즉 음식물을 먹으며 거친 음식물을 치아로 씹어 타액을 바른 다음 위로 넘긴다. 위와 소장과 연결된 부위를 십이지장이라고 하는데 여기서 음식물을 막고 담낭이나 췌장으로부터 소화액과 인슐린을 공급받아 음식물에 섞어 잘 소화시킨다.

그 후 음식물 속에 들어있는 영양분들이 물속에 분해되면 이 분해된 음식물들을 소장으로 내려 보내게 되며 소장과 대장에서는 음식물 속에 녹아있는 영양분들을 물과 함께 피 속으로 빨아들이게 된다. 그리고 찌꺼기는 변으로 처리되며 이때 소장과 대장에서 빨아들인 영양분들은 물과 함께 피 속으로 들어왔기 때문에 피의 양과 핏속 수분 양이 과다해지지만 걱정할 것은 없다.

우리 몸 모든 세포가 사용해 버린 핏속에 노폐물이 생성되는데 신장을 지날 때 신장에서 이 노폐물과 함께 과다한 수분 양은 소변으로 처리하므로 걱정할 필요가 없다는 것이다. 오히려 수분을 많이 섭취함으로 인하여 피를 깨끗이 정제하여 혈액순환에 큰 도움을 줄 수 있다. 그리고 그날 총체적으로 몸속에 들어온 에너지로 우리 몸이 살아가면서 따뜻한 열을 발산한다. 또 운동하면서 사용하고 남은 에너지가 있을 경우 그 에너지는 들어오는 에너지가 없을 때 사용하기 위하여 우리 몸속에 저장해 놓게 되는데 이 저장된 에너지가 체지방이 되는 것이다.

그러나 그 다음날에도 식욕이 왕성한 소화기 계통 때문에 많은 에너지가 몸속으로 들어온다면 사용하고 남은 에너지는 비축을 하게 되는 것이다. 이때 우리가 섭취한 에너지가 단백질이건 탄수화물이건 칼슘이든 비타민이든 무기질이든 관계없이 남은 에너지는 전부 체지방이 된다는 것이다. 그리고 비축해 놓은 에너지인 지방을 간이라는 공장에서 가져다가 머리털이 필요한 영양으로 뼈가 필요한 칼슘으로 근육이 필요한 단백질로 눈에서 필요한 비타민으로 피부로도 모든 것을 만들어 대체해 준다. 그래서 간장은 영양소 대체 공장이라고 하며 간 기능이 떨어지면 얼굴색, 눈빛, 골다공증 할 것 없이 대사 장애가 나타난다.

체지방은 지방을 먹어서 된 것 혹은 나쁜 식품을 먹어서 된 것이 아니고 에너지가 체내에 들어오지 않을 때 사용하기 위하여 비축해 놓은 자산이며 마치 비가 많이 내릴 때 댐에 물을 비축해 놓은 원리와 똑같다고 말 할 수 있다. 댐에 비축해 놓은 물은 비가 내리지 않을 때 식수로 생활용수로 농사용으로 발전용으로 사용하게 되는데 이 축적해 놓은 물을 한쪽에서 뽑아 썼다면 한쪽만 줄어든 것이 아니고 전체가 함께 줄어지는 것을 볼 수 있다.

위와 같이 우리 몸속에 비축된 에너지인 체지방도 허리 운동을 한다고 해서 허리의 지방만 빠지는 것이 아니고 전체 지방이 함께 % 수만큼 빠지는 것이다. 그래서 얼굴이 사면팔방에서 줄어들기 때문에 작아지며 날씬한 허리가 만들어지고 피부 두께나 창자와 창자 사이, 간장과 간장 사이, 세포와 세포 사이에 있는 모든 지방들이 함께 줄어드는 것이다. 체지방을 확실히 알고 체지방을 줄이려면 비축된 에너지를 사용하는 동안 칼로리 양이 적은 야채나 물로 배만 부르게 하고 운동을 하면 비축된 에너지 즉 체지방을 사용하므로 허리가 더욱 가늘어지고 얼굴이 더 작아질 뿐만 아니라 균형미 있고 정말로 아름다운 몸이 형성되는 것이다.

이때 운동으로 가꾸어진 아름다운 몸은 나이하고 아무런 관계없이 50세, 60세, 70세가 넘어도 규칙 있게 운동을 지속한다면 아름다운 몸을 유지할 수 있다는 확신을 가지고 실천하면 더욱 더 아름답게, 건강하게 본인을 가꿀 수 있다. 필자가 대학이나 클럽에서 건강의 실체 편, 건강과 아름다움에 대한 초청특강을 하면서 우리나라 대부분의 여성들이 근육에 대한 잘못된 편견을 가지고 있다는 것을 알고 그것을 바로 잡기 위하여 연구와 노력을 게을리 하지 않았는데 그와 관련해 대학에서 강의한 내용을 수록할까 한다.

운동을 제대로 한다면 우리 몸에 체지방량이 감량되면서 잘 발달된 근육이 완벽한 균형미를 이룬 최고의 탈력과 아름다운 몸매를 유지할 수 있게 된다. 물론 더불어 심장과 혈관의 발달로 인하여 오장 육부의 기능 또한 최고가 될 것이며 감각기관(촉각, 청각, 시각, 미각, 후각)과 우리 몸을 지키는 저항력도 최고가 되어 분해자들의 공격으로부터 벗어나게 될 것이다. 그러나 우리나라 여성의 대부분은 근육이 많으면 뻣뻣하고 유연하지 못한 것으로 잘못 인식하고 있다는 것이며 사실은 정 반대로 근육은 대단히 부드럽고 유연하며 아름다움의 극치라는 것을 재인식해야 한다.

예를 들어 체조를 하는 선수들이나 서커스를 하는 사람들은 대단한 힘과 유연성을 근본으로 하기 때문에 몸 전체가 많은 근육으로 이루어져 있으며 그 유연성 또한 아름다움의 극치에 이른다 할 수 있다. 뿐만 아니라 100m를 달리는 단거리 선수들이나 중장거리 선수 할 것 없이 거의 모든 운동선수들도 체지방이 적은 관계로 얼굴은 작고 허리는 가늘며 하체는 잘 발달되어 있어 마찬가지로 균형미와 탄력은 대단하다고 볼 수 있다.

그런데 근육은 항상 부드러운 것이 아니라 힘을 주지 않을 때 만지면 부드럽고 힘을 주었을 때는 공에 공기를 많이 주입한 것처럼 대단히 탄력이 만들어진다. 이것이 아름다운 탄력이며 탄력이란 발달된 근육세포에서만 생기고 지방세포에서는 절대로 탄력이 생기지 않는다는 것을 알 수가 있다. 그래서 젊은 사람이 늙은 사람에 비하여 대부분 근육 양이 많기 때문에 힘도 더 강하고 탄력도 훨씬 더 많은 것은 두말할 여지가 없다. 그러나 나이가 많아도 운동을 지속하고 있다면 젊은이보다 더 많은 근육 양과 더 많은 탄력을 소유한다는 것을 이제부터라도 많은 사람들이 인식을 함께 했으면 좋겠다.

그런데 여성들이 나이가 들면서 몸의 움직임이 작아지고 병약하여 자주 병원에 입원한다든가 하면 기브스를 하지 않았어도 우리 몸 모든 근육들이 쇠퇴된다. 더욱이 하체에 있는 근육들이 급속도로 약해지면서 하체에 있는 괄약근들도 하체와 함께 약해지게 되고 웃기만 해도 하품만 해도 놀라기만 해도 소변이 체외로 나와 버리는 이 증상을 우리는 요실금이라고 한다.

이런 증상이 생기면 아무리 목욕을 자주해도 몸에서 노인 냄새가 나며 예쁜 옷도 입기 어렵게 되고 더욱 정신적인 괴로움에 시달리게 된다. 병원이나 약국을 찾게 되는데 이때 주사하거나 복용하는 약으로 스테로이드(steroid)라고 하는 근육강화 호르몬제 약이 있다. 이 약을 주사하거나 복용하게 되면 근육에 힘이 생겨서 요실금이 좋아지는 것처럼 보였지만 약효가 몸에서 소멸되면 전보다 더 나빠지는 현상이 생기는 것이다. 그리고 세월이 지나면 같은 용량으로는 약효가 없기 때문에 갈수록 약의 함량이 높아지고 높은 함량에서도 약효가 없을 때는 이미 그의 인생의 불이 꺼져가고 있다고 볼 수 있다.

만약 운동선수들이 스테로이드 호르몬제를 주사하거나 복용하면 평상시에 비교하여 더 빨리 뛸 수 있고 더 넓게 더 높이 더 많이 더 강하게 할 수 있다. 하지만 약효가 몸에서 소멸되면 몸이 더 약하게 병들어 가기 때문에 올림픽 경기를 비롯하여 전국 체전에서도 메달 권 속에 들어있는 선수들의 약물 검사를 하는데 이것이 도핑 검사이다. 이

도핑 검사에 걸리면 메달의 취소는 물론 선수에게는 자격정지와 소속 단체에는 벌과금이 부과되는 것이다.

그 뿐만이 아니라 피로 회복제나 종합 비타민 같은 영양제들도 순간적으로는 확실히 도움이 될 수 있지만 결과적으로는 건강을 해칠 수 있다는 것을 알아야 하며 꼭 필요할 경우 의사와 의논하는 것이 좋다고 볼 수 있다.

영양과 비만의 허와 실

　국가나 가정 또는 개인의 건강을 위해 가장 관심을 가져야 할 영양과 비만에 대하여 자세하게 설명할까 한다. 우리 인체에서 필요한 영양분은 크게 나눠 3가지로 구분할 수 있다고 한다. 그 하나는 신체를 구성하는 구성분 영양이고 또 하나는 우리 인체 모든 세포에서 연료로 사용하는 연소성 영양 그리고 나머지 하나는 신진대사를 조절해 주는 조절성분의 영양으로 나눌 수가 있다고 한다.

　그러나 가장 중요한 것은 영양분의 종류가 아니라 체지방에 대하여 좀 더 확실히 명료하게 안다면 비만에 대하여 걱정할 필요가 전혀 없을 것이다. 지피지기면 백전백승이라 했지 않은가. 세상의 위치를 보면 잘 아는 자가 항상 리더가 된다는 말을 이전에 한 적이 있다. 예를 들어 여행을 갈 때도 무슨 일을 할 때도 아는 자의 말을 듣지 않는 자가 거의 없다. 가자면 가고 돌자 하면 돌고 하자면 하고 이렇게 아는 자의 힘이란 대단한 것이어서 체지방이란 놈도 잘 알면 오라고 하면 오고 가라고 하면 가고 있으라 하면 있게 될 것이다.

그러나 지금까지의 모든 학자들은 체지방에 대하여 그리 시원한 답을 내놓지 못했던 것이 사실이다. 지방이라는 물체를 가져다가 분석을 해보고는 포화 지방산과 불포화 지방산, 몇 가지 타 종류의 영양분으로 분류할 수 있으며 지방산이 어떻고 불포화 지방산이 어떻고 하면서 결국 체지방은 좋지 못하다는 학설만을 무수하게 남겼다.

그런데 사실은 절대로 그렇지 않다. 필자 자신이 몇 십 년을 두고 체지방과 싸우면서 체지방을 알다보니 이제는 너무 잘 알아서 체지방이 내말이라면 아주 충성스러운 신하처럼 말을 잘 듣기에 체지방이 어떤 놈인가를 여러분도 함께 자세히 알 수 있도록 설명을 하여 여러분의 건강은 물론 국가적으로나 가정적으로도 대단한 도움이 되리라 생각한다.

우리 인간은 하루 세끼의 식사와 간식을 주로 하게 되는데 우리가 음식을 입에 넣으면 큰 것은 치아로 씹고 작은 음식물은 소화제인 타액을 발라 위로 넘긴다. 그러면 위에서는 음식물을 받아 십이지장에서 소장으로 내려가지 못하게 막고 담낭에서 나오는 위산과 췌장에서 분비된 인슐린을 음식물 속에 침투시켜 음식물을 죽처럼 소화시킨 다음 소장으로 내려 보낸다.

소장에서는 음식물 속에서 소화되어 물속에 녹아있는 각종 영양소들을 물과 함께 흡수하여 핏속으로 보내진다. 이때 핏속으로 들어왔기 때문에 우리 몸속 피의 양이 갑자기 많아지게 되어 혈압이 조금은 높아지게 된다.

그러나 걱정할 필요는 없다. 우리 몸의 모든 세포에서 산화작용을 마치면 핏속에 노폐물이 생성되는데 이 노폐물과 함께 과다한 수분 양은 신장에서 조절 방광을 통해 소변으로 처리하고 나머지 영양분으로 우리가 살아가고 운동하고 따뜻한 열을 발산하면서 사용한다. 그리고 만약 남은 에너지가 있을 경우에는 에너지가 들어오지 않을 때 사용하기 위해 우리 몸속에 비축하게 된다. 먹이의 사정이 좋아 그 다음날에도 에너지가 많이 몸속으로 들어와 남은 에너지가 있다면 비축하게 되는데 이 비축된 에너지를 체지방이라고 한다.

그러나 다음날 강력한 포식자들로 인하여 혹은 나올 수 없는 굴속에 갇혀 혹은 사정이 좋지 못하여 음식물을 구할 수가 없어서 또는 질병으로 에너지가 우리 몸속에 들어오지 못한다면 바로 지금까지 비축해 놓은 에너지를 사용해야 할 것이다. 이렇게 에너지가 체내에 들어오지 않을 때 사용하기 위하여 에너지가 남을 때 비축해 놓은 에너지가 우리가 말하는 체지방인 것이다.

그런데 여기서 우리가 반드시 알고 넘어가야 할 사항은 체지방이란 지방을 먹어서 지방이 된 것이 아니라는 점이다. 단백질을 먹어도 탄수화물을 섭취해도 칼슘이나 무기질, 유기질, 비타민 할 것 없이 그 무엇을 먹어도 우리 몸이 그날 사용하고 남은 에너지는 전부 비축을 하는데 이 비축해 놓은 에너지가 체지방이라는 것이다.

체지방이란 마치 비가 많이 내릴 때 수원지나 댐을 만들어 물을 비축해 놓은 원리와 똑같다고 말할 수 있다. 수원지나 댐에 물을 비축한 원리는 비가 오지 않을 때 식수로 생활용수로 농사용으로 혹은 발전이나 공장용수로 사용하기 위해 비가 많이 올 때 비축해 놓은 에너지 자원이라고 볼 수가 있다. 이 비축된 물이라는 에너지를 어느 한쪽에서 뽑아 썼다면 어느 한쪽만 줄어든 것이 아니라 전체가 함께 줄어든 것을 확인할 수가 있다.

이와 같이 우리 몸에 비축된 에너지는 허리운동을 한다고 해서 허리 살이 빠지고 팔운동을 한다 해서 팔에 있는 지방이 소모된 것이 아니라 우리몸 전체에서 줄어든다는 것을 확실히 알아야 한다. 다시 말해 허리에 있는 체지방을 줄이려고 하면 반드시 피부가 얇아져야 하고 피부가 얇아지면 얼굴이 사면팔방에서 줄어들기 때문에 얼굴이 작아지게 되며 창자와 창자사이 세포와 세포사이에 있는 체지방도 모두 함께 줄어든다는 것을 확실히 알아야 할 것이다.

그러나 지금까지 많은 학자들이 허리에 있는 체지방을 빼려면 허리운동을 많이 해야 하고, 둔부나 다리에 있는 체지방을 빼려면 다리나 둔부 운동을 많이 해야 한다고 해왔다. 그렇기 때문에 그것이 마치 사실인양 거의 일반상식이 되어왔던 것이며 많은 사람들의 이해를 확실히 돕기 위해 수원지나 댐에 있는 물을 비유하여 설명해 왔던 것이다. 그렇다면 비축해 놓은 에너지인 체지방이 많으면 어떤 점이 좋으며 어떤 점이 나쁜지를 명료하게 알아보자.

첫째, 좋은 점은 다시 나올 수 없는 굴속에 갇혔을 때 비축해 놓은 체지방을 쓰면서 마른 체질에 비하여 더 오래 살 수 있을 것이나 공기와 물이 있는 조건에서만 더 오래 산다고 말할 수 있다.

둘째, 우리가 먹는 음식물 속에는 수를 헤아릴 수 없는 많은 바이러스 즉 분해자들이 때를 가리지 않고 우리 몸에 침투해 오지만 우리 몸을 지키는 저항력들이 바이러스들을 격퇴시킨다. 그러나 그 사람의 몸이 쇠약하여 항체들마저 더불어 약화되면 장염 바이러스를 비롯하여 콜레라 바이러스, 이질 바이러스, 장질부사 바이러스와 같이 우리 항체에 강한 바이러스들이 죽지 않고 위에서 십이지장을 통과 하게 되면 십이지장에서는 소장과 대장에 연락을 하여 바이러스가 침투 통과했다는 신호를 하게 된다.

그러면 소장과 대장에서는 물속에 녹아있는 영양과 물을 흡입할 때 바이러스가 함께 침투되는 것을 막기 위해 빨판이라는 문을 완벽하게 닫고 바이러스가 사라질 때까지 물과 영양은 우리 몸속으로 들어올 수가 없게 된다.

이때 비축된 에너지가 없으면 큰일 나겠지만 축적된 에너지energy 체지방이 있기 때문에 영양에 대한 걱정은 필요가 없으나 수분 공급이 없으면 핏속의 노폐물을 처리 할 수 없어 순환기 계통에 큰 장애가 발생하므로 혈관을 통해 수분을 공급해 줘야 한다. 그러는 동안 항문에서는 계속 설사를 하게 되며 요즘은 약이 좋아서 빨리 바이러스들을 물리칠 수가 있지만 약이 발달되지 않은 옛날에는 많은 사람들이 희생이 되었던 것이다. 꼭 세균이나 바이러스에 의해 죽는 것보다는 바이러스로 인하여 소장이나 대장에서 체내에 들어오는 영양과 수분을 함께 차단했기 때문에 몸속의 수분 부족 현상으로 핏속의 노폐물이 처리되지 않아 혈액의 순환장애가 생기면서 고열과 함께 많은 사람들이 죽어갔던 것이다.

이렇게 많은 사람들이 전염병으로 죽어가고 있을 때도 몸에 체지방이 없고 날마다 뛰고 달리고 강건하여 저항력이 강한 사람들에게는 무서운 분해자들도 몸속에 침투하지 못했다는 것을 알아야 할 것이다. 물론 이 외에도 우리 몸에 체지방으로 인하여 좋은 점이란 몇가지가 더 있을 법하다. 불확실한 것이지만 추위를 잘 견디는데 사용할 줄 모르나 별것은 아닐 것 같다. 그러고 보면 축적된 에너지가 많아 좋은 점이란 오늘날과 같이 물질문명이 풍부한 사회에서는 거의 불필요한 의미가 되어가고 있는 것이 확실한 사실이다. 그러면 여기서 우리 몸 체지방으로 인하여 피해가 가장 큰 점 즉 나쁜 점을 나열해 보기로 하자.

첫째, 물론 수천수만 가지의 단점을 가지고 있기에 무엇을 먼저라고 말하기는 매우 어렵지만 몸 전체에 축적된 너무 많은 에너지는 우리 몸 전체에 깔려있는 혈관(우리 몸의 혈관은 약 10만km 지구를 두 바퀴 반이나 돌 수 있는 거리라고 함)을 사면팔방에서 누르면서 축소시켜 모든 세포들의 기능을 떨어뜨릴 뿐만 아니라 몸무게가 늘어나고 민첩성이 없어져 쫓을 생각이나 사냥할 생각은 전혀 하지 못할 것이다.

인간의 문화가 전혀 없던 시대에는 사냥을 하려고 해봐야 민첩성이 떨어져 실패할 것을 훤히 알고 있기 때문에 체지방이 줄어들 때까지 기다린다거나 또 사냥에 실패를 거듭하여 자연의 법칙에 따라 조절될 수 있게 되어 있다. 하지만 인간은 문화를 발달시키고 자연의 법칙에 따라 스스로 조절 능력을 상실하여 축적된 에너지가 많은데도 또 먹을 수 있게 되어 계속 늘어나는 체지방은 모든 혈관을 사면팔방에서 눌러 혈압을 높일 뿐만 아니라 우리 몸을 지키는 항체마저 약해져 빨리 늙고 병들어 죽게 되었던 것이다.

또 과도한 체지방의 축적은 우리 몸에 필요한 것들을 생산하고 처리하며 대체하는 공장들의 도로와 같은 혈관의 축소로 그 공장으로 들어가는 도로 즉 혈관이 8차선 도로에서 4차선 도로로 체지방으로 인하여 좁혀졌다면 그 공장 기능 또한 절반의 기능으로 축소될 것이다. 그리고 세월이 흘러 더 좁아 2차선 밖에 남지 않았다면 그 공장 기능 또한 4분의 1기능밖에 없으리라 생각된다.

그 공장이 췌장이었다면 인슐린 호르몬의 생산 감소로 체내 과당과 포도당이 분해되지 않아 체내에서 연료로 사용할 수 없게 된 당분은 신장에서 노폐물로 간주되어 소변을 통해 버리게 되는데 이것을 우리는 당뇨병이라 한다. 이것이 심하면 우리 체내 연료 부족 현상에 의하여 체중이 계속 감소되면서 수족의 괴사와 실명 드디어 면역 체계마저 무너지면서 죽음을 맞이하는 것이다. 물론 우리 몸에 혈관이 축소될 때는 특이한 경우를 제외하고는 함께 축소되고 함께 발달되겠지만, 간으로 가는 혈관이 좁아졌다면 간이라는 공장기능이 떨어지게 되며 저항력도 약화되고 황달로 얼굴색도 변할 뿐만 아니라 눈의 색도 변하고 각종 호르몬 생산 및 원할 한 신진대사가 되지 않아 모든 체계가 무너져 우리는 죽음을 맞이할 것이다.

우리 인체 간장뿐만이 아니라 체지방으로 인하여 혈관이 축소되면 오장 육부의 기능저하는 물론 저항력이 떨어져 청소년도 암이라든가 고혈압, 당뇨, 간염을 비롯하여 모든 성인병에 걸릴 수 있다. 이러한 현대병은 모두 혈관이 좁아져 생기는 병들이다. 그래서 우리는 어떠한 일이 있더라도 자신의 건강과 젊음을 위하여 체지방이 많아지지 않도록 노력해야 할 것이다.

체지방이 많아지는 이유 중 첫째는 운동을 제대로 하지 않는 탓도 크지만 부모로부터의 유전적인 경향도 크다고 말할 수 있다. 체지방을 유전받은 것이 아니고 소화기 계통 즉 위, 담 물질, 소장과 대장, 췌장할 것 없이 소화기 계통이 좋은 부모로부터 유전을 받아 소화가 잘되고 영양, 흡수 능력이 뛰어난데다가 배고픔을 참지 못하는 것이 주원인이 되고 있다.

우리 인간은 부모로부터 키, 눈의 모양, 시력, 얼굴형과 입모습 무엇하나 유전적인 요소가 아닌 것이 하나도 없다. 그러나 소화기관이 좋다 해서 시력도 좋고 간 기능도 좋은 것은 절대로 아니라는 사실이다. 오히려 소화기관이 너무 좋아 많은 체지방의 축적으로 혈관이 좁아지면서 췌장, 심장, 신장, 간장 할 것 없이 모든 기관들이 본인은 체중이 증가 뚱뚱해 건강한 걸로 착각하는 사이에 혈관은 축소되어 늙고 병들어 죽어간다.

세상의 서러움 중에서 배고픔보다 더한 서러움이 없다고 했다. 먹지 않고 하라고 하면 왕의 자리도 하지 않을 것이며 그 무엇도 할 수가 없을 것이다. 그래서 먹지 않고 체지방을 줄이려 한다면 전부 실패를 하고 말며 그것은 체지방 줄이는 식견 중에서 제일 좋지 않은 충고 중의 하나다. 설사 체지방이 빠졌다 하더라도 요요 현상에 의하여 다시 원위치로 되돌아가는 것이 강 건너 불 보듯 훤한 일이다. 먹어야 한다. 배가 터지도록 먹지 않으면 절대로 안 된다. 그러나 배가 터지도록 먹기는 먹지만 본인에게 비축해 놓은 에너지를 사용하는 동안은 지식에 의하여 영양, 함량을 계산할 줄은 본인이 알아야 할 것이 아닌가?

우리 인간의 소화기관은 잡식동물에 속해 있기 때문에 야채나 풀 속에서 에너지 추출 능력이 초식동물들처럼 원만하지 못하다. 그러므로 비축해 놓은 체지방을 사용하는 동안만이라도 야채나 물로 배가 풍만해지도록 먹고 체지방을 사용할 줄 아는 지식을 갖추고 실행으로 옮긴다면 체지방 걱정은 없을 것이며 오히려 가정의 경제에도 도움이 될 것이다. 그리고 분명히 젊음과 아름다움도 배로 연장 된다는 것을 알아야 한다. 그래서 적을 알고 나를 알면 백전백승한다는 말을 서두에서 했던 것이다.

우리 몸에 체지방은 절대 지방을 먹어서 된 것이 아니고 앞에서도 말했지만 우리 몸에서 사용하고 남은 에너지를 들어오지 않을 때 사용하기 위해 비축해 놓은 에너지가 체지방이다.

이 축적된 에너지는 주위 사정이 좋지 않아 들어오지 않아도 사용할 수 있을 뿐만 아니라 도적맞지 않는 자산이며 에너지라 할 수 있다. 즉 운동을 제대로 하여 우리 몸에서 단백질이 많이 필요할 경우 단백질로 바꿔주기도 하고 운동을 강하게 하여 뼈에서 무기질이 많이 필요할 때도 무기질로 바꾸어 주지만 너무 많은 체지방은 모든 혈관들을 비좁게 만들어 모든 세포들은 기아 현상으로 제 기능을 상실해 가고 있는 것이 문제가 된다. 그러나 지금까지 많은 학자들은 지방을 자세히 분석해 본 결과 포아 지방산과 불포화지방산 그리고 미량의 영양분으로 구성되어 있으며 포아지방산(고체성 – 동물성 지방)이 어떻고 불포화지방산(액체성 – 식물성 지방)이 어떻고 하면서 정확한 해답은 없이 무수한 학설만 남겼다고 힐 수 있다.

필자는 여기에 반하여 우리 몸에 포화지방산과 불포화지방산이 유익하다 유익하지 않다를 분리하기 전에 동물성이나 식물성 지방을 전혀 섭취하지 않고 탄수화물 종류만 섭취해도 체내에 남은 에너지는 전부 체지방이 된다는 사실을 우리 모두는 알아야 할 것이다. 또 하나 우리 몸을 구성하고 있는 물질들을 잘 분석해 보면 뼈는 칼슘 및 무기질로 이루어져 있으므로 뼈를 튼튼히 하는 데는 무기질과 칼슘을 많이 섭취해야 좋다고 믿어왔으며, 근육을 분석한 결과 단백질로 구성되어 있으므로 단백질을 많이 섭취하는 것이 좋다고 믿어왔던 것이 사실이다.

물론 전혀 효과가 없는 것은 아닐지 모르나 본인이 직접 30여 년이 넘은 시간을 두고 실험한 결과에 의하면 근육을 강하게 사용하지 않으면서 단백질 보충제를 사용하면 근육의 성장은커녕 많은 근육의 쇠퇴를 가져왔으며 오히려 체지방만 많이 증가되었다. 또 골다공증 환자가 칼슘제 및 무기질이 많이 들어 있는 음식물을 섭취하는 것이 좋다는 학설은 이해야 가지만 운동을 하지 않아 혈관이 축소되어 간장의 기능이 떨어진 상태에선 강건한 뼈가 절대 만들어지지 않는다는 사실이다.

그러나 우리가 운동을 하고 심장과 혈관이 잘 발달되어 있으면 간장이라고 하는 영양소 대체공장에서 비축된 에너지로 모든 물질들을 만들어 대체해 준다는 사실이다. 예를 들어 근육을 심하게 사용한 운동을 하여 근육에서 단백질이 많이 필요할 경우 간에서 라이포 프로테인이라고 하는 호르몬이 생산되어 우리 몸에 비축해 놓은 체지방 에너지를 단백질로 바꾸어 주기도 하는 것이다. 또 하나 북극이나 남극에서 살고 있는 에스키모인 들은 과일이나 채소나 파란 식물이 거의 없는 곳에서 살기 때문에 대체로 과일이나 야채를 섭취하지 못한다.

그러나 젊은 날 뛰고 달리며 사냥할 때는 몸에서 비타민이 부족하다던가, 영양실조에 걸린 적이 절대로 없다는 사실을 여러분은 반드시 알아야 할 것이다. 그러나 나이가 들고 편안하고픈 본능 때문에 자식들에게만 사냥을 시키고 편안히 쉬게 되면 첫째, 근육과 심장, 혈관의 축소는 물론 오장 육부의 기능축소로 저항력이 약화되어 여러 가지 병균들 즉, 분해자가 우리 몸속에 침입하여 병들어 죽어간다는 사실이다.

이러한 여러 가지 사례를 보더라도 운동을 하지 않고는 그 값비싼 곰, 쓸개, 웅담도 코브라도 아무 소용없다는 사실이다. 더욱이 순간적으로 좋은 물질들 예를 들어 양귀비 같은 풀잎이나 열매, 동물들은 인간에게 순간적으로는 좋을지 모르나 시간이 흐르면 크게 해롭다는 사실을 틀림없이 알아야 한다. 요사이는 잘 먹고 잘 소화시키며 약간 비대한 것을 건강한 사람으로 착각하는 사람들이 많다. 그리고 우리 몸이 좀 비대하여도 값비싼 생선회라든가 또 좋은 음식은 많이 먹는 것이 보약이 되는 줄 알고 있으니 우리가 정말로 인식을 달리하지 않으면 절대로 안 될 일이다.

우리 인체는 여성의 경우 하루에 약 1,800칼로리를 남성의 경우 약 2,200칼로리 정도의 영양분을 소모시킨다고 한다. 그러나 그 사람의 활동 여하에 따라 많은 차이도 있으며 운동선수들은 약 3,000칼로리 이상을 소모한 경우도 많다. 그러니 체지방에 관한 지식을 좀 더 확실히 이해하고 알아야 한다.

많은 사람들은 우리 몸속에 비축된 체지방을 불필요한 영양이라느니 동물성 고기를 많이 먹어서 혹은 인스턴트 식품 때문에 체지방이 되는 것으로 인지하고 있지만 착각해선 절대로 안 될 일이다. 그래서 우리는 아무리 맛있는 음식, 진수성찬 산해진미가 넘칠지라도 몸에 지방 즉 축적된 에너지가 많은 사람은 주의를 하지 않으면 위험을 초래할 것이다.

마치 매월 은행에 2백만 원씩 넣어두고 있는 사람이 매월 생활비로 180만원씩을 다시 찾아 사용한다면 매월 20만원씩 저축이 되어 쌓이는 것처럼 우리 몸에 매일 들어오는 영양 즉, 에너지도 그날 사용하고 만약 1칼로리라도 남은 에너지는 수입이 없을 때 사용하기 위하여 우리 몸 세포와 세포 사이에 비축해 놓은 에너지를 체지방이라고 한다. 그러니까 아무리 좋은 것을 먹어도 또 탄수화물이나 고단백질을 먹어도 우리 몸이 그날 사용하고 남은 단 몇 칼로리의 에너지도 부족할 때 사용하기 위하여 비축을 하게 되는데 이 비축된 에너지가 정확하게 말해서 체지방이라는 것을 몇 번을 강조하고 싶은 것이다.

예를 들어 한 끼에 섭취할 수 있는 최대 부피 쌀밥을 기준으로 한 똑같은 열량의 차이는 다음과 같다.(단위 : 칼로리)

쌀밥 1,000 = 보리밥 800 = 과일 500 = 야채 200 =

꿀엿설탕 10,000 = 육고기 3,000 = 생선 2,500

예를 들어 당신이 아침을 굶고 점심도 못 먹어 아주 배가 고프다고 했을 때 만약, 쌀밥으로 최고의 배가 부를 정도의 양을 먹었더니 예를 들어 위와 같이 1,000칼로리가 우리 몸속에 들어왔다고 하면 쌀밥이 아니고 보리밥의 경우 똑같이 배가 터지게 먹어도 800칼로리 정도밖에 우리 몸속으로 들어오지 않는다는 사실이다. 그러니까 위 공식과 같이 배가 터지도록 불러도 영양가치가 다르다는 것을 알 수 있다. 그렇다면 쌀밥도 아니고 보리밥도 아니고 곡식이 아닌 과일 같은 것으로 생각해 볼 수도 있지 않겠는가? 과일은 종류에 따라 약간 다르지만 과일로 배가 터지게 먹었다면 약 500칼로리 정도가 평균적으로 된다고 이야기 할 수 있다.

그런데 과일은 대부분 수분이 많아 우리 배 속에서 수분만 흡수하고 나면 다시 배가 아주 고파진다. 그래서 다시 배가 터지도록 먹었다면 500+500=1,000칼로리가 된다는 것이다. 그래서 밥은 먹지 않고 과일만 자주 먹어도 체지방은 쌓여만 간다고 말 할 수 있다. 그렇다면 자꾸 먹어도 체지방이 쌓이지 않고 줄어든 것이 있으며 그것은 야채류이다. 물론 야채도 종류에 따라 많은 차이가 있겠지만 배추, 무, 상추, 시금치, 오이, 당근, 파 할 것 없이 이러한 종류의 야채들은 배가 터지게 먹었다 할지라도 200칼로리도 못 된다. 그렇다면 하루 다섯 번이나 배가 부르게 먹었다 할지라도 1,000칼로리도 체내에 들어오지 않으니 하루 2, 3천 칼로리를 소모하고 있는 우리 인간에게는 절대적으로 부족한 영양이 될 것이 사실이며 이때 저축된 에너지 즉, 체지방을 사용하게 된다는 것이다.

그러면 우리 몸은 체중이 줄어듦과 동시에 몸이 가벼워지고 혈관이 커져서 오장 육부 모든 기관들이 좋아지며 젊음이 연장되는 것은 물론 저항력이 강해져서 모든 병마로부터 이겨낼 수 있는 요인이 되는 것이다. 이때 여러분께서 운동을 하지 않고 체중만 빼기 위하여 물을 마시지 않거나 굶는 것은 대단히 위험한 일이 일어날 수 있다는 것을 알아야 한다. 우리 몸에 수분이 부족하면 핏속에 들어있는 노폐물이 처리 되지 않을 뿐만 아니라 핏속에 노폐물로 가득차고 끈끈해지며 만약 미세한 뇌세포 혈관이 막히면 바로 죽음이 올 수 있는 아주 위험한 것이다.

여기서 여러분이 꼭 알아야 할 것은 배꼽 부근의 체지방 두께가 3cm를 초과된다면 저축된 에너지가 너무 많다고 말할 수 있다. 체지방은 너무 많이 먹어서 생기는 것이며 첫째는 여러분의 가정과 국가의 살림이 피폐된다는 것을 알아야 한다. 더욱이 체지방이 많으면 혈관의 축소로 오장 육부 기능이 떨어져 훨씬 빨리 늙게 되고 저항력이 떨어져 병들어 간다는 것을 알아야 한다.

그러니까 정확하게 말해 체지방이 많아지면 수만 가지 손해가 온다. 우리 집 양식 즉, 돈이 많이 없어져서 손해가 오는 것은 물론이지만 체지방으로 인하여 혈관이 좁아지면 빨리 늙어서 손해가 올 뿐만 아니라 저항력이 떨어져 빨리 병들어 죽음이 온다는 것이다.

우리 몸에 영양이 남아 계속 체지방이 쌓여 가는데도 잘 먹어야 또 많이 먹어야 또 좋은 것은 많이 먹을수록 건강한 줄로 알고 있는 우리의 잘못된 인식이 큰 문제가 되는 것이다. 여러분의 몸에 여러 가지 이상 즉, 혈압, 당뇨, 관절, 심장 등에 문제가 생겼을 때 현대의학을 이용하기 전에 반드시 운동을 하면서 배꼽 근처에 있는 체지방 두께를 2cm 이하로 낮추면 모두가 정상으로 되돌아간다는 것을 알아야 하며 이것은 많은 사람들의 실험에서 확실하게 밝혀진 것들이다.

저축된 에너지, 체지방이 많은 분들께서는 요 주의해야 할 음식을 반드시 알아 두어야 한다. 앞에서 서술한 바와 같이 똑같은 부피 즉 용량의 경우 쌀밥이 1,000칼로리가 되었을 때 지방은 10,000칼로리가 된다고 하며 지방뿐만 아니라 엿, 꿀, 설탕도 10,000칼로리가 된다는 것이다. 즉 쌀밥 10그릇 정도를 농축시키면 한 그릇 정도의 엿이나 지방이 만들어진다. 근육질인 고기는 약 2,000칼로리 정도이며 만약 고기에 하얀 지방이 많으면 3,000, 4,000칼로리로 올라가는 것이다. 이렇게 본인이 스스로 잘 알고 대처해야 한다.

그리고 배꼽근처 체지방 두께가 4cm가 있었는데 2cm로 줄어들었다면 다른 피부에 있는 2cm 피부는 1cm로 3cm가 있던 곳은 1.5cm로 얼굴도 사면팔방에서 줄어든다.

그러니까 창자와 창자 사이에 있는 지방도 절반으로 세포와 세포사이에 있는 지방도 절반 즉, 우리 몸속 모든 지방세포가 절반으로 줄어든다. 그래서 혈관은 커지고 혈관이 커지면 오장 육부 기능은 좋아지며 젊음이 연장되며 돈으로 계산할 수 없는 엄청난 가치가 있다.

성장기의 자식을 두고 있는 부모님께서는 성장기에 접어든 자식이 너무나 체지방이 많아지면 혈관의 축소로 간 기능이 떨어지고 간 기능이 떨어지면 성장 호르몬 생산에 장애가 와서 키가 크지 않는다는 것을 정확히 어린이에게 설명을 해줄 수 있는 성인이 되어야 한다.

아름다운 미래를 위하여

　운동을 지속하려면 운동이 미치게 즐거워야 하며 본인의 건강은 물론이고 본인의 아름다운 미래와 깊은 관계가 있다는 것을 확실히 인지해야 한다. 그렇게 한다면 정말로 운동을 지속할 수 있을 뿐만 아니라 운동을 하는 것이 행복하고 또한 대단히 즐거워지지 않을까 생각한다. 그래서 필자는 무릉도원으로 간 사람들이란 글을 쓰게 되었다. 무릉도원으로 가는 사람들이 곧 운동에 대한 많은 지식을 가지고 생명이 다하는 날까지 운동을 실천에 옮기는 그들만이 무병장수하며 무릉도원 같은 곳에서 행복하게 살아간다는 뜻이 은연중 이 글 속에 내포되어 있는 것이다.

　지금까지 많은 체육인이나 학자들이 어떻게 하면 운동을 더 즐겁고 재미있게 지속할 수 있을까 하고 연구와 노력 끝에 운동을 게임 및 레크리에이션recreation 문화 쪽으로 많은 발달을 가져오게 되었다. 그러나 게임이나 레크리에이션마저도 얼마 가지 못해 싫증을 내고 중단을 하고 마는 것이 지금까지의 현실이며 그 누구도 생명이 다하는 날까지 운동을 지속하지 않으면 안 된다는 지론을 역설한 사람은 거의 없었다고 볼 수 있다. 그렇다면 운동을 지속하지 못하고 중단하게 된 여러 가지 조건들을 자세히 파헤쳐 보기로 하자.

첫째, 인간에게는 후천적으로 터득한 것이 아닌 선천적으로 타고난 몇 가지의 본능이 있다. 그 중에서 가장 큰 본능은 먹고 싶어하는 본능이고 그 다음이 편안 하고픈 본능이다. 이 편안하고 싶은 본능이 엄청나게 숨이 가빠지고 괴로움을 동반하고 있는 운동을 지속하지 못하게 중단을 시키는 주원인 중 하나이다. 그렇다면 이 엄청나게 숨차고 괴로움을 동반하고 있는 운동을 아주 재미있고 즐거움으로 바꿀 수는 없을까?

어느 글에선가 한 사람의 위대성의 척도는 고통을 감수하는 능력이라고 했으며, 그보다 더 큰 능력은 고통에서 기쁨을 찾아내는 능력, 그리고 가장 위대한 능력은 고통 너머의 행복을 내려다 볼 줄 아는 능력, 곧 고통에서 행복을 찾아내는 능력이라고 말했다.

바로 그렇다. 아주 무더운 여름날 50도가 넘은 용광로 앞에서 뻘겋게 달은 쇳물을 옮기는 사람도, 영하의 추운날씨에 눈보라 속에서 열심히 일하는 사람도 반드시 월급 또는 돈이 나온다는 것을 확실히 알고 있기 때문에 그 일을 지속할 수 있다. 남들이 곤히 잠들어 있는 새벽에 출근을 하는 사람, 밤을 지새우면서 연구에 몰두하고 있는 과학자 이들은 반드시 노력의 대가가 창출된다는 사실을 확실히 알고 있기 때문에 그 고통들을 소중한 동반자로 삼아 기쁨으로 바꾸는 사람들이라고 할 수 있다.

이 세상에 무엇이 좋으며 그 무엇이 소중하다 해도 본인의 생명보다 더 소중한 것은 없을 것이다. 속담에 돈을 잃은 것은 적게 잃은 것이고 명예를 잃은 것은 많이 잃은 것이며 건강을 잃은 것은 모든 것을 다 잃는다는 명언이 있다. 여기서 우리가 반드시 알고 넘어가야 할 것이 우리 몸을 편안하게 하고 움직임이 강하지 않으면 반드시 쇠퇴되어 간다는 사실을 알아야 한다. 근육도 쇠퇴되어 가지만 심장의 축소는 물론 혈관과 오장 육부 기능, 저항력 할 것 없이 모든 것들이 쇠퇴되어 간다는 것을 확실히 알고 이제부터는 운동을 중단하는 실수를 범해서는 절대로 안 되겠다.

지금까지 많은 사람들이 고생을 동반하고 있는 운동을 시작은 하여도 지속은 거의 못하고 중단해 왔었다. 그래서 필자는 운동을 지속하는 데는 건강도 중요하지만 찬란한 미래가 연계되어 있는 보디빌딩이라는 운동을 하라고 권유해 왔으며 보디빌딩은 사업의 한 부분이라고 생각한다.

그래서 지금부터 보디빌딩 운동의 많은 장점 즉 성공의 조건들에 대한 설명은 좀 뒤로 미루고 운동을 하기 전 먼저 알아야 할 근육 세포의 구성과 역할은 어떻게 되어 있으며 어떤 과정을 통하여 발달하는가에 대하여 자세한 설명을 할까 한다.

근육의 세포들은 마디마디가 연결된 섬유질 근으로 실 발처럼 구성되어 있다고 한다. 예를 들어 닭고기나 쇠고기가 실 발처럼 찢어지는 것을 보면 잘 이해가 되리라 본다. 이렇게 실 발처럼 된 근육의 양끝은 서로 다른 뼈에 직접 붙거나 힘줄로 변하여 뼈에 붙어 이 근육의 수축이완 작용에 의하여 운동의 개념이 형성되는 것이다.

이때 근육세포에 수축 이완 작용을 명령하는 기관은 뇌세포 중 운동신경 세포 기관이 맡은 일이며 뇌세포에서 근육세포에 수축명령이 하달되었을 때 어떤 강력한 저항이 근육세포의 수축을 막아 방해하면 다시 뇌 기관에서 강력한 수축명령이 하달하게 되어 근육이 수축을 하게 되는 것이다. 이때 만약 한 줄기의 실발 같은 근육세포였다면 끊어졌을 것이다. 그러나 한 줄기의 근육 세포가 아니고 많은 수의 근육세포들이 그 일을 합동으로 했기 때문에 끊어지지는 않았지만 이때 이 근육 세포들은 전부 큰 무리를 당하게 되는 것이다.

이렇게 수축이완을 여러 번 반복하게 되면 근육 세포들은 큰 무리를 당하게 되지만 다행이 운동을 하는 짧은 순간만 무리를 당했기 때문에 운동을 하지 않고 쉬고 잠자는 동안 우리 몸의 복구력이 약했던 근육세포들을 더 튼튼하게 복구하게 된다. 그 다음날도 무리와 복구를 통하여 강력한 힘과 거대한 몸이 형성되어 가는 것이다. 현재 본인이 가지고 있는 힘을 100으로 보았을 때 예를 들어 어떤 보약을 먹었더니 100이라는 힘이 110이 되었다면 10%의 힘이 좋아진 것이다.

이렇게 10%의 힘이 좋아진 보약은 이 세상에는 존재하지 않는다.

만약에 있다면 그 가격이 10억 원 정도의 가격이라도 세계 각국의 운동선수들이나 부호들이 서로 먹겠다고 줄을 서서 기다릴 것이나 그런 보약은 세상에는 존재치 않는다. 그런데 여기서 왜 이런 이야기를 하느냐 하면 운동(웨이트 트레이닝) 전문가의 지도하에 체력단련의 운동을 제대로 하게 되면 본인의 기본 힘을 100에서 20%, 50% 이 정도만 증가되게 하는 것이 아니라 200%, 300%, 400%가 넘는 강력한 힘이 실제로 만들어지면서 우람하고 강건한 몸이 형성되기 때문이다.

이렇게 강건하고 우람한 몸이 형성되면 건강은 물론이고 자신감이 넘쳐 활발해지며 예절만 잘 갖추면 모든 이의 사랑까지 받을 수 있다는 것이다.

아름다운 성공을 위하여

　사람들이 큰 사업을 하고 직장에서 승진하며 찬란한 인생, 멋진 삶을 이루려고 하면 그 사람이 갖추고 있어야 할 필수 조건들이 여러 가지가 있다. 크게 나누어 세 가지 조건을 잘 갖추고 있다면 틀림없이 대성공을 이루리라 필자는 절대적으로 확신하고 있다. 그렇다면 이 세 가지 필수조건을 좀 더 자세히 알아보지 않으면 안 될 것 같다. 대성공을 이루는 세 가지 필수 조건은 통솔력, 지식, 끈기력이다.

　첫째, 통솔력은 어디서 생겨날까? 개개인의 성격이나 성품의 차이는 있지만 통솔력은 조직력과 차원 높은 지식 속에서 생성된다고 볼 수 있다. 하지만 같은 지식을 갖추고 있는 레벨에서는 강건한 육체, 거대한 힘과 우람한 몸에서 가장 좋은 통솔력이 나오지 않을까 생각해 본다. 그래서 이 보디빌딩이라고 하는 운동은 젊은이에게 성공을 원하는 모든 이에게 진정으로 권하고 싶은 운동이다. 그러나 이 세상에서 좋은 것은 전부 어려운 것이다. 더더욱 타 종류의 운동에 비하여 재미는 없고 강인성과 끈기력을 더 크게 요구하고 있기 때문이다. 그러나 결과는 너무 좋아 성공의 첫째 조건에 속한다고 말할 수 있다.

우람한 몸과 거대한 힘은 많은 사람들의 선망이며 더욱이 70세가 훨씬 넘은 사람도 단계적이고 체계적으로 운동에 임하면 대단히 빠른 속도로 거대한 힘과 근육이 다시 발달 생성된다. 그러면 젊은이보다 몇 배의 힘과 자신감으로 사업 발전은 물론 그칠 줄 모르는 정력이 샘솟는 것이다.

둘째, 지식이라 하면 정치, 문화, 경제의 지식을 말하는 것이 아니라 본인이 하고자 하는 사업이나 맡은 일에 대한 전문성이 있는 최고의 지식을 말하는 것이다. 예를 들면, 식당을 경영하고 싶으면 식당에 대하여 아무것도 모르는 사람이 식당을 경영하게 되면 거의 실패한다는 것이다. 모르면 어둡다란 말이 있지 않은가! 아무것도 모르는 사업에 뛰어들면 마치 캄캄한 밤에 험난한 산길을 걷는 것과 같아서 대단히 위험하다는 말이다. 누가 조금만 밀어도 조금만 잘못하여도 다시는 일어설 수 없는 천길만길 낭떠러지에 떨어질 수 있지 않겠는가? 우리 인생에 다시 일어날 수 없는 깊은 곳 낭떠러지에 빠졌다면 대단히 불행한 일이며 슬픈 일이 아니 될 수가 없다.

그래서, 우리는 하고자 하는 사업이나 직장에서 계속 번창과 승진을 하고자 하면 그 사업이나 그 직장에 대하여 최고의 전문지식을 갖추지 않으면 안 된다. 만약 아무 것도 모르는 사람이 그 직장의 높은 자리에 들어서게 되면 그 회사는 망하고 만다는 것은 두말할 여지가 없다.

셋째, 끈기력은 정신력이다. 무엇인가 한번 하면 기어이 하고 마는 강력한 정신력의 소유자들만이 성공을 한다. 이 강력한 정신력은 후천적이며 절대적 훈련에 의해서만 이루어진다는 사실을 알아야 한다. 예를 들어 중고등학교 청소년 시절 4, 5명 이상의 불량소년들에게 강한 구타를 여러 번 당하고 몇날 며칠 자리에서 일어나지도 못했다면 그는 다시는 그런 일을 당하지 않기 위해 많은 노력을 하여 후에 틀림없이 무술계의 고단자나 합기도 몇 단 혹은 권투선수와 같은 강인한 사람이 되어 있으리라 믿어 의심치 않는다.

공부를 잘하는 것도 마찬가지이다. 부모나 타인으로부터 또는 책이나 사물에서 공부를 하지 않으면 안 된다는 강력한 감화를 받아 공부를 잘하게 된다. 이렇게 강하게 훈련된 정신력의 소유자들은 대부분 습관에 의하여 어떤 것에 임하여도 끈기의 기질이 형성되며 성공의 조건 세 번째 끈기력에 해당된다. 그래서 이 보디빌딩 운동은 두말할 나위 없이 끈기의 기질을 기르는 운동 중 왕 중 왕이 되는 운동이라고 권장하고 싶다.

만약 이 세 가지의 성공의 조건 중 첫째 통솔력이 없는 사람이 자기 사업을 한다면 어떻게 될까? 사업의 실패는 두말할 나위 없으며 직장에서 높은 직위에 승진했다면 그 회사는 망하고 말 것이다. 둘째도 마찬가지가 될 것이다. 하고자 하는 사업에 대하여 아무것도 모른다면 망하는 것은 당연한 것 아니겠는가? 첫째 통솔력과 둘째 지식이 잘 갖추어 있다 하여도 셋째 끈기력이 없는 사람은 사업이 잘 되다가도 얼마 가지 못해 노름이나 여색이나 술에 빠지게 되며 오늘 할 일을 뒤로 미루고 마는 사람은 절대로 큰 사업가가 될 수 없고 큰 성공을 기대할 수 없다.

여러분이 이후에 세 가지 조건을 잘 갖추고 대성공을 해도 하루아침에 망하는 길이 있다. 그것은 세 가지의 성공조건이 잘 갖추어지지 않는 사람에게 보증을 서 주었을 때 바로 망하게 된다. 그래서 세 가지 조건이 잘 갖추어지지 않은 사람이 보증을 부탁하면 단호히 거절할 줄 알아야 한다.

그가 형제이든 처남이든 혹은 친자식이라 할지라도 자세한 설명과 함께 거절하지 않으면 자기의 성공이 물거품이 되고 만다는 것을 기억해야 할 것이다. 이 보디빌딩이란 운동은 너무 장점이 많은 운동이라서 필자는 마치 말없는 벽의 역할과 같다는 호평을 한 적이 있다. 벽은 말은 없지만 추위와 비바람과 눈보라로부터, 더위나 도적으로부터 말없이 나를 막아주고 보호해 준 역할을 담당하고 있다.

우리 몸을 우람하고 강력한 힘과 거대한 육체로 가꾸어지면 싸우지 않고도 상대를 물리칠 수 있는 원리가 형성되는 것이다. 예를 들어 태권도 10단의 사나이가 어디를 지나다가 5, 6명의 불량배와 부딪혔다고 한다면 시비가 붙어도 싸워서 물리쳤을 것이다.

만약 물리치지 못했다면 어떻게 되었을까? 지금까지 못 먹고 모아 놓은 재산을 지불했다거나 삼십육계 줄행랑을 쳤을 것이다. 설령 도망을 쳤다하더라도 최소한 이익은 없었을 것이다. 그리고 언제인가 피할 수 없는 곳에서 만나 대가를 지불할지도 모르는 일이다. 그래서 나는 모든 젊은이에게 세상을 살아가면서 절대로 싸워서 혹은 시비해서 상대를 물리치면 안 된다고 충고를 가끔 한다. 그렇다면 싸우지 않고 물리칠 수는 없을까?

국가와 국가라면 어떻게 될까? 국방력과 경제가 튼튼하면 싸우지 않고 물리칠 수 있는 것처럼 개인과 개인 사이라면 강건하고 우람하게 잘 가꾸어진 보디빌더라면 처음부터 시비를 걸지 않았을지 모르는 일이다.

사실 외형으로 보아 연약하게 보이면 그런 일이 자주 발생하며 시비하여 물리치면 좋지 않다는 것을 말씀드리는 것이다. 그런데 아무리 좋은 운동이라 할지라도 단점은 있기 마련이다. 지금부터 이 멋지고 강건한 보디빌더에게 아주 나쁜 단점이 하나 있다는 것을 설명할까 한다. 그래서 잘만 대처하면 단점이 수십 배 장점으로 변하여 대성공을 이루리라 필자는 확신한다. 그렇다면 과연 보디빌더의 단점은 무엇일까?

힘이 보통사람의 몇 배가 되고 보디빌더의 육중한 몸을 가진 A란 사나이가 어떤 회사에서 교만한 행동을 한다면 어떻게 될까? 두말할 나위 없이 모두들 미워하고 불안해 할 것이며 없어져 떠나가 주기를 바랄 것이다. 그러면 그들은 서로 짜고 권모술수로 승진에서 누락시킨다던지 그렇지 않으면 몰아내거나 왕따시킨다던가 엄청난 불이익을 주리라 생각된다.

이렇게 운동을 하여 불이익을 당한다면 절대로 안 될 일이다. 그러나 이 엄청난 단점을 알고 잘 대처한다면 오히려 수십 배 장점으로 바꿀 수 있을 뿐만 아니라 성공의 길이 된다고 말할 수 있을 것이다. 그것은 바로 아름다운 예절을 갖추는 것이다.

초인적인 힘을 가진 우람하고 강력한 보디빌더가 어떤 허약하고 병약한 사람과 초면인사를 나누고 통성명과 나이를 알았다고 했을 때 만약 허약한 사람이 한 살이라도 나이가 많다면 바로 그 자리에서 윗사람에 대한 최대한의 존경심을 가지고 상대를 존경할 줄 알아야 한다. 상대를 높이고 자기를 낮추면 누구에게나 사랑받을 수 있다. 그러면 많은 사람들이 챙겨주고 뽑아주며 밀어주는 주위 사람들이 많아져 멋진 인생, 성공한 인생이 반드시 찾아올 것이다.

5

태산 같은 대흉근 가슴근육 만들기

가슴 대흉근 운동

바벨 벤치 프레스(Barbell Bench Press)

대흉근 즉 멋진 가슴 근육을 크게 발달시키는 데는 여러 가지 운동이 많지만 가장 중요한 운동이 벤치 프레스(Bench Press) 운동이라고 자신 있게 말 할 수 있다. 이 운동을 하는 방법은 벤치의 패드에 등과 둔부를 붙이고 누운 다음 바를 가슴의 상단 위치에서 팔을 뻗어 손등이 눈에 보이게 한 다음 가슴보다 좀 더 넓게 바를 잡고 힘을 주어 천

천히 들어 가슴 상단으로 내렸다가 다시 올리는 동작의 반복이다. 이 때 주의해야 할 점은 바를 들어 올릴 때 팔이 반드시 펴지기 직전에 다시 내렸다 올리는 동작의 연속이며 또 하나 바를 가슴 상단으로 내릴 때 팔꿈치의 각도가 90도가 넘도록 넓게 바를 잡는 일이 없도록 주의해야 한다.

처음 2주일 동안은 매일 2세트 정도를 아주 가볍게 운동을 반복하다가 최소한 2주 정도가 지난 금요일이나 토요일에 선택하여 2세트를 아주 강하게 최선을 다하여 하는 것이다. 이때 2세트를 벤치 프레스를 시작하기 전 가벼운 무게의 벤치 프레스로 반드시 워밍업하는 것을 절대로 잊어서는 안 된다. 무게는 개개인에 따라 전부 다르지만 최대 반복 회수를 10~15회 정도 반복할 수 있는 무게가 좋다는 말이 있다. 그러나 많은 시일이 경과하고 많은 세트가 늘어나 선수의 경우 5~6회 반복할 수 있는 중량도 또는 20번 이상 반복할 수 있는 경량도 병행하는 것이 무방하다. 이렇게 4주 이상 하고나면 우리 몸이 운동에 대한 적응력과 습관성 회복능력도 함께 좋아지게 된다.

그러면 휴일이 오기 전 금요일이나 토요일을 이용하여 세트를 올리는 것이다. 금요일이나 토요일에 운동량을 추가한 이유는 갑자기 많은 운동량은 피로 회복을 둔화시키기 때문이며 휴식 속에서 많은 회복을 꾀하기 위해서다. 이렇게 2세트 하던 것을 3세트로 4~5주 정도 경과하면 4세트로, 또 4~5주 정도 경과하면 5세트로 이때 벤치 프레스가 너무 지루하면 체스트 프레스로 몇 세트 더 혹은 덤벨 프레스로 몇 세트 더 하게 되며 최후에는 버터 플라이, 덤벨 플라이 및 인클라인 벤치 프레스나 아니면 인클라인 덤벨 프레스 또는 디클라인 프레스로 마감할 수도 있다.

이때 주의할 사항은 너무 운동에 대한 지나친 욕심 때문에 오버 트레이닝으로 어제 운동했던 부위들이 회복되지 않아 피로가 쌓이면 반드시 운동량을 줄여야 하며 충분한 휴식만이 잘 발달된 근육을 소유할 수가 있다는 것도 함께 알아야 한다. 갑자기 운동량을 올리는 것은 절대 금물이며 이러한 사람은 좋은 몸을 멋진 몸을 절대 소유할 수가 없다.

위에 있는 글의 설명은 초보자가 가슴근육 하나를 놓고 세월을 두고 운동량과 근육을 발달시켜 가는 과정을 간단하게 설명한 것이다. 하나의 근육이 성장해 가는 원리는 다른 근육이 성장해 가는 원리와 같다는 것도 말해 두고자 하며 본격적인 운동을 하는 데는 좀 더 운동에 대한 차원 높은 정보가 필요하기에 앞으로 운동을 하는 자세와 방법 또 어떤 운동이 어느 근육을 본격적으로 발달시키는가에 대한 많은 것을 기술하고자 한다.

인클라인 바벨 프레스(Incline Barbell Press)

이 운동은 태산 같은 가슴 근육의 상단 부의 다시 말해 가슴근육 중앙에 깊은 금을 그리듯 가슴근육을 발달시키는데 바벨 벤치 프레스와 함께 아주 중요한 위치에 있다. 이 운동을 하는 사람은 인클라인

벤치에 앉아 약 45도 정도의 누운 벤치의 패드 위에 등과 힙을 붙이고 누운 다음 어깨 넓이보다 좀 넓게 바를 잡은 뒤 양팔에 힘을 주어 천천히 바벨을 들어 올린 다음 가슴의 상단 턱 바로 밑까지 내리기를 반복하는 운동이다.

이때 주의해야 할 사항은 평 벤치와 전혀 다른 전면으로 무게가 순간적으로 쏠리게 되는데 주의하지 않으면 사고와 연결될 수 있다는 것도 함께 알아 두어야 하며 운동을 지속하면서 운동량을 추가시키는 방법도 벤치 프레스와 똑같다고 말할 수 있다. 만약 인클라인 벤치가 준비되어 있지 않으면 인클라인 덤벨 프레스(Incline Dumbbell Perss)로 대신할 수가 있다.

인클라인 덤벨 프레스(Incline Dumbbell Perss)

이 운동의 효과는 앞에서 자세히 설명한 인클라인 바벨 프레스와 거의 같다고 말할 수 있으며 운동을 하는 방법 또한 인클라인 바벨 프레스와 같이 양손으로 덤벨을 잡고 올렸다 내리는 반복이다.

이 운동의 장점은 지루한 인클라인 바벨 프레스에서 덤벨로 바꿔 지루함을 이길 수 있으며 양손을 함께 사용하는 것을 원칙으로 하나 팔을 함께 사용하지 않고 별도로 사용하면서 대흉근 상단 근육에 극도의 긴장을 고조시킬 수 있는 장점도 있다.

디클라인 바벨 프레스(Decline Barbell Press)

이 운동은 대흉근 가슴을 발달시키는데 바벨 벤치 프레스 못지않게 중요하다. 만약 평 벤치 프레스가 없다면 디클라인 벤치 프레스와 인클라인 벤치 프레스 두 종류만으로도 태산 같은 멋진 가슴을 만들기에 충분하다고 말할 수 있다. 인클라인 벤치 프레스가 가슴 중앙 상단을 더 많이 발달시킨다면 디클라인 벤치 프레스는 가슴 중앙 하단을

더 많이 발달시킨다고 말할 수 있다. 그래서 어떤 보디빌딩의 선수 중에는 가슴 중앙 깊은 선 데피네이션을 극대화하기 위해 평 벤치 프레스를 삭제하고 디클라인 벤치 프레스와 인클라인 벤치 프레스 두 종류로만 본격적인 훈련을 하는 경우도 많다.

이 운동을 하는 목적은 인클라인 벤치 프레스와 반대로 벤치의 상단이 약 30도 정도 내려가 벤치의 패드에 등을 대고 어깨 넓이보다 약간 넓고 손등이 보이게 바를 잡은 다음 위로 올렸다가 가슴 중앙으로 내렸다가 다시 올리는 것을 반복하는 것이다. 이때 주의해야 할 사항은 벤치를 처음 들어 올릴 때 평 벤치 프레스와 달리 뒤 쪽으로 중량이 갑자기 많이 쏠리는 것을 막기 위해 천천히 조심스럽게 올려야 하며 몸이 중량을 견디기 어려워 밑으로 내려가는 것을 막기 위해 반드시 무릎을 구부려 몸이 밑으로 내려가지 않게 발목을 잡아 주는 벤치를 이용해야 한다.

디클라인 덤벨 프레스(Decline Dumbbell Press)

이 운동은 대흉근 즉 태산 같은 가슴을 발달시키는데 디클라인 벤치 프레스와 같이 효과도 같고 하는 방법도 똑같다고 말할 수 있다. 다만 바벨과 덤벨이 다른 점뿐이라고 할 수 있으며 장점이 있다면 아주 가벼운 무게까지 대흉근을 극도로 긴장을 고조시키기 위해 팔을 따로 따로 사용할 수 있다는 장점도 있다.

버터 플라이(Butter Fly)

일명 나비운동이라 해서 나비처럼 춤추듯 하는 운동이다. 운동하는

방법은 버터 플라이 머신에 앉아 힙과 등을 패드에 붙이고 허리를 곧 게 편 다음 팔을 벌려 머신의 바를 손바닥이 서로 마주보게 잡은 다음 가슴에 힘을 모아 중앙으로 팔을 모았다가 원위치로 돌아가는 것을 반복하는 운동으로 덤벨 플라이와 함께 가슴 근육 데피네이션 즉 빗살 모양의 근육을 선명하게 만들어 주는 운동이다.

덤벨 플라이(Dumbbell Fly)

이 운동은 벤치의 패드에 등만 붙이고 덤벨을 양 손바닥이 서로 마주보게 잡은 뒤 팔이 완전히 펴지지 않은 상태에서 팔꿈치가 지면을 향하여 벌렸다가 대흉근에 모든 힘을 집중하고 팔을 앞으로 모으기를 반복하는 운동이다.

이 운동은 버터플라이와 더불어 가슴근육 데피네이션 즉 빗살모양의 근육을 선명하게 만들어 주는 운동이다. 주의해야 할 사항은 덤벨을 올린다는 개념이 아니고 엄청난 힘을 가해 모은다는 개념으로 운동에 임해야 한다.

어깨 삼각근 운동

바벨 스텐딩 프레스(Barbell Standing Press)

보디빌더의 기본이 되는 운동이며 주로 어깨 삼각근과 보조근으로는 팔의 삼두근을 비롯하여 여러 근육들이 보조를 하면서 운동이 이루어진다. 이때 운동하는 동작은 바벨을 잡기 전에 몸을 반듯하게 한 다음 발을 열중 쉬어 하는 넓이로 편하게 벌리고 허리에 힘을 주면서 바벨의 바를 어깨 넓이로 손등이 전면을 향하게 잡은 다음 1단계로 어깨

부위까지 들어 올린다. 그리고 다시 2단계로 바를 머리 위까지 들어 올리면서 팔을 완전히 펴기 직전에 다시 바를 가슴 가까이 내렸다 올렸다의 동작을 반복하는 운동이다.

숄더 프레스(Shoulder Press)

숄더 프레스 머신에 앉아 힙과 등을 등 패드에 붙이고 손잡이를 손바닥이 전면을 향해서 잡은 다음 바벨 스텐딩 프레스(Barbell Standing Press)와 같이 머리 위로 바를 올린 다음 완전히 팔을 펴기 직전에 원 위치로 내리는 것을 반복하는 운동이다. 스텐딩 프레스와 같이 운동의 효과 또한 같아 주로 어깨 삼각근과 보조근으로 팔의 삼두근 및 여러 근육들을 발달시킨다. 장점으로는 스텐딩 프레스보다 몸의 흔들림 없이 운동을 수행할 수 있으며 최후까지 삼각근에 강한 자극을 극대화하여 많은 발달을 꾀하기 위해서 아주 좋은 운동이라 말할 수 있다.

시티드 덤벨 프레스(Seated Dumbbell Press)

시티드 프레스라고 하면 바벨이나 덤벨로 들고 벤치에 앉아 허리를 곧게 펴고 오버그립으로 덤벨을 잡은 후 귀의 방향으로 들어 올렸다 내리면서 반복한다. 호흡은 들어 올릴 때 내뱉고 내릴 때 들이마신다. 이 운동은 넓은 어깨와 주로 삼각근을 발달시키는데 바벨 프레스와 함께 탁월하게 좋은 운동이다.

주의해야 할 사항은 다른 운동에서도 마찬가지로 설명했지만 팔을 완전히 펴기 직전에 다시 원 위치로 되돌아오는 운동의 반복이다. 그 이유는 삼각근에 극도의 긴장을 고조시켜 최고의 삼각근 근육발달을 꾀함이다.

바벨 업라이트 로우(Barbell Upright Row)

이 운동은 어깨 삼각근과 승모근을 발달시키는데 없어서는 안 될 운동이다. 이 운동의 동작은 양발을 골반 넓이로 벌리고 바의 중앙에서 손과 손 사이를 약 20cm 간격을 두고 손들이 전면을 향해 바를 안

정되게 잡은 다음 일어선다. 그 다음 숨을 마시고 바를 턱 부근까지 당겼다가 허리까지 내려놓은 방법을 반복하는 운동이다.

이때 주의해야 할 사항은 양 팔꿈치가 바를 잡은 손등보다 약간 더 올라가야 하고 팔꿈치 또한 어깨보다 좀 더 위로 올라가는 것이 좋으며 팔목을 보호하기 위하여 E 바를 사용하는 것이 무방하다.

덤벨 프론트 레이즈 (Dumbbell Front Raise)

이 운동은 어깨 삼각근의 전면부 위를 아주 발달하게 하는 운동으로 전면 삼각근의 데피네이션을 위해서도 반드시 해야 할 운동이다. 운

동을 하는 방법은 스텐딩 자세로 양 손바닥이 서로 보게 덤벨을 잡고 팔을 완전히 펴지 않은 상태에서 어깨 삼각근에 힘을 주어 천천히 눈 높이까지 올렸다가 원 위치로 돌아오는 것을 반복하는 운동이다.

이때 양손을 함께 올리는 방법과 양손을 따로 따로 올리는 두 가지 방법으로 운동을 할 수 있으며 벤치에 앉아서 팔의 반동 없이 하는 방법이다. 주의해야 할 사항은 덤벨을 위에서 내릴 때 옆구리보다 더 뒤쪽으로 갔다가 다시 반동을 이용하여 올리는 것을 조심해야 한다.

덤벨 레터널 레이즈(Dumbbell Lateral Raise)

이 운동은 어깨 삼각근과 승모근의 보조 운동으로 중요하다. 양손으로 덤벨을 잡은 후 팔을 약간 구부려 숨 쉬는 속도로 천천히 승모근 위치까지 올렸다가 다시 천천히 내리면서 반복한다. 처음에는 아주 가벼운 덤벨로 시작하여 천천히 중량을 더해가며 10~12회 반복할 수 있는 무게가 좋으나, 선수로서 운동량이 많을 때는 5~6회 반복할 수 있는 무게와 지쳤을 때 가벼운 무게로 회수를 15~20회 정도 반복할 수 있는 무게를 병행하는 것도 무방하다.

벤드-오버 덤벨 래터럴 레이즈(Bent-over Dumbbell Lateral Raise)

이 운동을 광배근 및 등 근육과 후 삼각근을 극도로 자극함으로써 많은 발달을 가져오게 한다. 운동하는 동작은 허리를 구부리거나 인클라인 벤치 패드 위에 배를 대고 덤벨을 잡은 뒤 팔을 약간 구부린 다음 옆으로 들어 올린다. 이때 팔꿈치가 등보다 더 올라가게 하고 등 근육을 최대로 좁게 수축시킨 다음 팔을 내렸다가 다시 같은 동작을 반복한다. 이 운동은 시티드 케이블 로우나 스텐딩 벤트 로우와 함께 함으로써 더 많은 등 근육 및 광배근 후삼각근을 극도로 자극을 주어 발달을 가져올 수 있다.

바벨 데드리프트(Dumbbell Deadlift)

이 운동은 다리를 열중 쉬어 하는 정도로 벌려서 어깨넓이 정도 바를 잡을 때 손바닥이 서로 반대로 엇갈리게 잡아도 무방하다. 그것은

바의 무게 때문에 바가 회전하면서 손에서 빠져나간 것을 방지하기 위해서다. 그러나 세트가 끝나면 반드시 반대로 손을 번갈아가면서 해야 한다.

이 운동은 승모근 삼각근 허리 대둔근 골반할 것 없이 우리 몸 전체 기초체력을 아주 튼튼히 하는 운동으로 강건한 몸을 만들기 위해서는 반드시 해야 하는 운동이며 여성의 경우 루마니안 덤벨 데드리프트 (Romanian Dumbbell Deadlift)로 대신 할 수 있다.

바벨 스쿼트(Barbell Squat)

이 운동은 보디빌딩 운동 전체 중에서 가장 운동의 효과가 뛰어난 운동이라고 말할 수 있으며 대퇴근과 대둔근을 비롯하여 우리 몸 전

체 근육의 70%가 넘는 근육을 한꺼번에 사용하는 운동으로 우리 몸에 비축된 체지방을 가장 많이 산화시키는데 더할 나이 없이 좋다고 말할 수 있을 뿐만 아니라 여성들의 탄력 있는 하체 발전과 괄약근의 발달로 인하여 여성들의 요실금 치료에도 더 이상 좋은 운동이 없다고 말할 수 있다.

자세한 설명은 뒤로 미루고 우선 먼저 해야 할 운동을 시작할 때의 정확한 자세와 운동하는 방법과 주의해야 할 부분에 대한 설명이 선행되어야 하겠다. 이 운동을 하는 방법은 스쿼트랙에 서서 바벨의 바를 양 손바닥과 어깨 삼각근에 바를 걸치고 일어선 다음 뒤로 한 두발 물러서서 발의 넓이를 열중 쉬어 자세보다 몇 센티 정도 넓게 잡고 허리와 가슴을 최대한 앞으로 내밀면서 가슴을 펴 준다. 그리고 본인의 키보다 더 높은 곳에 눈을 고정시킨 다음 앉았다가 다시 일어서는 동작을 반복하는 것이다.

이때 주의해야 할 사항은 발끝을 벌리는 것보다 11처럼 잡은 것이 좋으며 그 이유는 평상시 워킹이나 보행 중에 발끝이 벌어지는 것을 막기 위함이다. 바벨을 등에 매고 앉아 일어서기를 반복할 때 무릎의 각도는 90도보다 넓은 것은 좋지 않으며 그렇다고 해서 대퇴이두근과 비장근이 서로 맞닿게 해서도 좋지 않다는 것을 알아야 한다. 그것은 무릎의 인대가 늘어지는 손상을 막기 위함이다. 그리고 바를 손으로 잡을 때 너무 넓게 잡으면 많은 무게로 스쿼트할 경우 앞으로 당기는 힘이 약해져 위험을 초래할 수도 있으며 많이 일어나는 안전사고 중의 하나이다.

이 운동은 앞에서도 말했지만 우리 몸 근육의 70%가 넘은 근육을 한꺼번에 사용하기 때문에 가장 짧은 시간에 가장 많은 에너지를 소모하므로 심장과 혈관의 발달은 물론 폐 기능 발달에 탁월하게 좋을 뿐만 아니라 혈관의 발달은 곧 오장 육부 발달과 직접적으로 관계가 있다는 것을 말씀드리고자 한다.

레그 프레스(Leg Press)

이 운동은 스쿼트를 하고 난 다음 허리에 부담을 적게 하면서 대퇴근을 더욱 강한 자극을 꾀하기 위하여 하는 것이 좋다. 운동을 하는

방법은 레그 프레스 머신에 앉아 양발을 스쿼트할 때처럼 11자가 되게 벌리고 발을 앞으로 밀어 발이 완전히 펴지기 직전에 다시 원 위치로 되돌아오는 반복의 운동이다. 레그 프레스를 할 때는 발의 위치에 따라 약간의 근육들의 운동 부위가 달라지기도 하며 발꿈치를 들고 프레스를 하면 종아리 비장근 즉 장단지 근육과 발목을 튼튼하게할 수 있다.

주의할 점은 발에 힘을 주어 펼 때 완벽하게 펴주는 것은 관절에 손상을 줄 수 있으므로 완전히 펴주기 직전에 다시 원 위치로 돌아와야한다. 돌아올 때도 기구의 무게로 인하여 너무 빠른 속도로 되돌아오면 고관절이나 대퇴근을 고착시켜 인대에 손상을 줄 수 있으므로 평상시 숨 쉬는 속도로 하는 것이 좋다.

라잉 레그-컬 머신(Lying Leg-curl Machine)

이 운동은 주로 대퇴이두근과 대둔근 괄약근을 주로 발달하게 하며 대둔근 즉 힙 근육을 모아주고 하체를 아름답게 해주는 운동이다.

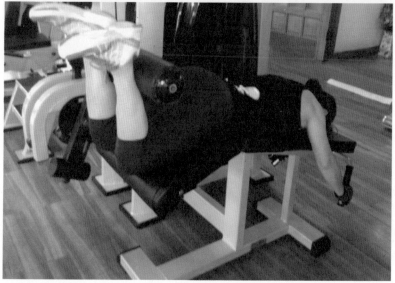

운동하는 방법은 레그-컬 머신의 벤치 패드 위에 배를 대고 엎드려 발목 아킬레스에 바를 걸고 발목을 잡아당겨 둔부 가까이 올 때까지 당겼다 다시 원 위치로 돌아간다. 속도는 평상시 숨 쉬는 속도가 좋으며 당길 때 숨을 내뱉고 힘을 놓으면서 숨을 들이마신다. 이 운동은 강력한 대퇴근의 균형을 위해서도 여성들의 요실금 치료를 위해서 재활운동으로도 반드시 해야 한다.

카프 레이즈 머신(Calf Raise Machine)

이 운동은 하체 아킬레스와 비장근을 잘 발달시켜 주는 운동이다. 운동을 하는 방법은 카프 레이즈 머신 발판에 발바닥을 3분의 1 정도

만 걸친 다음 적당한 무게를 어깨에 짊어지고 발꿈치만 최대로 높이 천천히 들어 올렸다 천천히 원 위치로 내려오기를 반복하는 운동이다. 이때 주의해야 할 사항은 몸을 반듯이 하고 무릎을 구부리는 일이 없도록 해야 한다.

라잉 바벨 트라이셉스 익스텐션(Lying Barbell Triceps Extension)

벤치에 누워서 자신의 어깨 넓이보다 약간 좁게 오버그립으로 바벨을 잡는다. 양손의 간격이 너무 넓거나 좁아도 그리 좋지 않다. 이때 팔꿈치가 옆으로 벌어지지 않도록 주의하며 팔을 수직 99.9% 올렸다 내리기를 반복한다. 이때 호흡하는 방법은 들어 올릴 때 숨을 내뱉고 내릴 때 들이마신다. 이 운동은 왕팔 삼두근을 발달하게 하는 아주 좋은 운동이다.

케이블 프레스 다운(Cable Press Down)

이 운동은 왕팔 삼두근을 발달시키는데 라잉 트라이셉스 익스텐션과 더불어 삼두근을 공략하는 반드시 해야 할 운동 중의 운동이다. 이 운동은 케이블에 매달린 바를 양손으로 균형을 잘 잡은 다음 팔꿈치를 양옆에 수직으로 붙이고 몸을 앞으로 약간 숙인 다음 케이블에 매달린 바를 팔이 99% 수직이 될 때까지 반듯하게 폈다가 다시 원 위치로 돌아가는 동작을 반복하는 운동이다.

오버헤드 트라이셉스 익스텐션(Overhead Triceps Extenion)

이 운동은 왕팔 만들기 중 삼두근육을 발달하게 하는 케이블 프레스 다운과 더불어 좋은 운동이다. 이 운동은 의자에 앉아 허리를 곧게 펴고 바벨이나 덤벨을 양손으로 잡고 머리 위로 올린 다음 등 뒤로 바벨이나 덤벨을 끝까지 내렸다가 다시 힘을 주어 팔을 반듯하게 펴는 동작을 반복하는 운동이다. 이때 주의해야 할 사항은 팔꿈치를 귀보다 더 뒤쪽에 고정시키고 흔들림 없이 익스텐션하는 방법이다

스텐딩 바벨 컬(Standing Barbell Curl)
이 운동은 왕팔 이두근을 발달시키는데 더없이 좋은 운동이다.

바벨을 들고 서있는 상태에서 양손으로 손바닥이 전면을 향하여 골반 넓이로 잡고 팔꿈치를 허리에 붙인 다음 바를 들어 올렸다 내린다. 이때 될 수 있으면 몸의 흔들림이 없이 바벨을 올릴 때 팔꿈치가 따라 올라가지 않도록 주의하는 것이 좋으나 선수들의 경우 강하게 운동하다 지친 다음 몸의 흔들림이나 팔꿈치가 올라가는 것은 무방하다. 호흡하는 방법은 바벨을 들어 올릴 때 숨을 내뱉고 바벨을 내릴 때 숨을 들이마신다.

덤벨 스텐딩 컬(Dumbbll Standing Curl)

손바닥을 전면을 향해 덤벨을 잡고 일어선 다음 어깨 삼각근을 향해 덤벨을 천천히 올린다. 이때 팔꿈치가 따라가지 않도록 하며 내릴

때 도 천천히 내리면서 반복한다. 내릴 때 숨을 들이마시고 올라갈 때 내뱉는다. 팔꿈치나 몸이 될 수 있으면 움직이지 않는 것이 원칙이나 선수의 경우 더욱 강한 이두근에 자극을 극대화하기 위해 최선을 다할 때 몸의 흔들림이나 팔꿈치가 올라가는 것은 무방하다.

얼터네이트 덤벨 컬(Alternater Dumbbell Curl)

이 운동은 스텐딩 바벨 컬이 너무 지루할 때 이두근에 강한 자극을 극대화하기 위해 덤벨로 양손을 번갈아가면서 컬하는 방법이다. 이 때 덤벨을 들어 어깨 삼각근 있는 곳으로 올렸다 내리는 동작이다. 주의해야 할 사항은 팔꿈치가 따라 올라가지 못하게 하는 것이 중요하지

만 이두근의 자극을 극대화하기 위해 선수들의 경우 몸의 흔들림이 조금 있다 하더라도 최선을 다하는 것은 무방하다.

프리처 컬(Preacher curl)

이 운동은 왕팔 이두근을 만드는 데 스텐딩 바벨 컬과 함께 아주 중요한 위치에 있으며 주로 E 바를 사용하기 때문에 손목에 부담을 줄이고 몸의 흔들림 없이 끝까지 근육세포를 수축 이완시킬 수 있는 장점이 있다. 많은 양의 이두 컬을 요하는 선수에게 이두근의 자극을 극대화하기 위해 덤벨 컬과 함께 아주 좋은 운동이다.

컨센트레이션 컬(Concentration Curl)

이 운동도 왕팔 이두근을 공략하는데 빼놓을 수 없는 좋은 운동이다. 운동하는 자세는 덤벨을 한손으로 잡고 팔꿈치를 무릎 위에 놓은 다음 의자에 앉거나 앉은 자세처럼 한 다음 덤벨을 천천히 올렸다 내리는 동작을 반복하는 운동이다. 이때 한쪽 팔이 완전히 지치면 다른 쪽 팔을 사용하여 같은 반복으로 운동을 반복한다.

렛 풀 다운(Lat Pull Down)

렛트 머신에서 이 운동은 거북등 같은 등 근육 즉 광배근 및 대원근과 극하근을 비롯 능형근을 발달시키는데 가장 중요한 운동이라고

말할 수 있으며 보조근으로 후면 삼각근 및 승모근을 발달시키는 데도
아주 좋은 역할을 한다.

운동하는 방법으로는 렛트 머신에 앉아 바를 어깨넓이보다 좀 더
넓게 잡은 다음 가슴을 내밀고 머리를 뒤로 한 다음 바를 천천히 가
슴 가까이 당겼다가 놓는 것을 백 렛 풀 다운이라고 한다. 주의 사항으
로는 바를 당겼다가 놓을 때 몸이 따라가지 않도록 무릎받침에 무릎을
잘 부착시킨 다음 운동을 반복하며 호흡하는 방법은 바를 당길 때 숨
을 내쉬고 바를 놓으면서 들이마신다. 여기서 세트를 기술하지 않는 것
은 사람 개개인에 따라 운동의 적응력이 다르기 때문에 초보자는 반
드시 전문가의 지도를 받는 것이 좋다.

시티드 케이블 로우(Seated Cable Row)

이 운동은 허리를 튼튼하게 하고 척추 발기근과 척추 기립근 및 광배근을 비롯하여 대원근과 극하근, 능형근을 발달시키는데 가장 중요한 운동이라고 말할 수 있으며 보조근으로 후면 삼각근 및 승모근을 발달시키는 데도 아주 좋은 역할을 한다. 더불어 팔 이두근도 보조근으로 운동이 된다.

운동하는 방법으로는 케이블 로우 머신에 앉아 다리를 90% 정도만 앞으로 편 다음 케이블에 달린 바를 양손으로 잡고 가슴 쪽으로 당기는 것이 아니라 배꼽이 있는 곳으로 잡아당긴다. 이때 주의해야 할 사항은 가슴과 배를 앞으로 최대한 내밀고 어깨는 뒤로 좁게 모아준 다음 다시 원 위치로 돌아가면서 반복한다. 호흡하는 방법은 다른 운동과 마찬가지로 힘을 강하게 사용할 때 내뱉고 힘을 뺄 때 숨을 들이마신다.

파킨슨병과 치매
하루 20분 심장을 운동시켜라

초판 인쇄   2016년 5월 10일
초판 발행   2016년 5월 13일

지 은 이   이계남
펴 낸 이   김재광
펴 낸 곳   솔과학
등   록   제10-140호 1997년 2월 22일
주   소   서울특별시 마포구 독막로 295번지 302호(염리동 삼부골든타워)
전   화   02-714-8655
팩   스   02-711-4656
E-mail   solkwahak@hanmail.net

I S B N   979-11-87124-06-1(93690)
ⓒ 솔과학, 2016

값 20,000원